John Piper
Ihn verkündigen wir

John Piper

IHN
VERKÜNDIGEN WIR

Die Zentralität Gottes in Predigt
und Verkündigung

betanien

3. Auflage 2018

© 1990, 2004 bei Desiring God Foundation
www.desiringgod.org
Erschienen bei Baker Books, Grand Rapids
Originaltitel: The Supremacy of God in Preaching, Revised Edition
© der deutschen Übersetzung 2006 bei Betanien Verlag e.K.
www.betanien.de · info@betanien.de
Bibelzitate sind i.d.R. der rev. Elberfelder Bibel entnommen
Übersetzung: Oliver Reichl, Bielefeld
Umschlaggestaltung: Oleksandr Hudym, Berlin
Satz: Betanien Verlag
Herstellung: drusala.cz

ISBN 978-3-935558-73-0

Inhalt

Vorbemerkung zur deutschen Ausgabe

John Pipers reichhaltiger, oft blumiger Wortschatz und seine Zitate von Jonathan Edwards (1703 – 1758) sind manchmal recht schwierig treffend ins Deutsche zu übersetzen. Um dem Leser die Gedanken des Autors besser erfassen zu helfen, haben wir an manchen Stellen Anmerkungen eingefügt oder den englischen Begriff in Klammern ergänzt. Auf einen zentralen Begriff im Titel des Buches ist es jedoch sinnvoll, an dieser Stelle vorab kurz einzugehen.

Dieses Buch heißt im Original »The Supremacy of God in Preaching«, wörtlich übersetzt »Das Supremat Gottes in der Predigt«. Abgesehen davon, dass »Supremat« im Deutschen anders als im Englischen ein recht sperriges Fremdwort ist, träfe dieser Begriff nicht recht den Sinn, der im Original damit ausgedrückt wird. Der deutsche Herausgeber stand damit zunächst vor der schwierigen Aufgabe, einen angemessenen deutschen Titel zu finden. Darüber hinaus spielen die Ausdrücke »Supremacy of God« und »God is supreme« (Gott ist überragend) auch im Buch selbst eine wichtige Rolle – z. B. in den Titeln von Teil 1 und 2 – und machten damit eine treffende Übersetzung bisweilen schwierig.

»Supremacy« könnte je nach Zusammenhang mit einer ganzen Reihe von Ausdrücken übersetzt werden: Vorrang, Vormacht, Erhabenheit, Zentralität, Herrlichkeit, Herrschaft, Dominanz, Einzigartigkeit, Vorzüglichkeit,

überragende Qualität, Hoheit etc. Der Begriff drückt also
zwei Gedanken gleichzeitig aus: zum einen die Zentralität
und Vorrangstellung – also die Position in einer Reihenfol-
ge oder Wichtigkeit –, dann aber auch das Wesen und die
Qualität der betreffenden Person oder Sache: ihre Vorzüglichkeit, Herrlichkeit und Macht. Übersetzungen im Sinne
des englischen Autors wären also z. B. die »überragende
Herrlichkeit« oder auch »Vorzüglichkeit« Gottes.

Daher ist dieses Buch nicht nur ein Plädoyer dafür, dass
in der Predigt Gott an erster Stelle bzw. im Zentrum stehen
soll. Es ist mehr: ein Plädoyer dafür, dass in der Predigt
Gott auf dem Thron sitzt, voller Herrlichkeit, Erhabenheit
und mit aller Macht des Universums. Es ist ein Plädoyer für
die geistliche Substanz der Predigt, für den eigentlichen
Nährstoff des Gläubigen: Gott selbst in seiner Herrlichkeit
und in seiner Offenbarung in dem Herrn Jesus Christus.
Dieses Anliegen hat der Autor sehr treffend in einer Aussage
im Schlussteil des Buches ausgedrückt. Als Einstimmung auf
das Buch und als Beispiel für eine Übersetzung der Begriffe
supremacy und *supreme* sei sie bereits hier zitiert: »Wenn in
unserer Predigt Gott nicht *eine überragende Herrlichkeit hat*
(*is supreme*), wo in aller Welt werden die Menschen dann
von *der alles überragenden Herrlichkeit* (*supremacy*) Gottes
erfahren?« (s. S. 117)

Da auf Unterhaltung oder Gesetzlichkeit und Aktivismus
ausgerichtete, menschzentrierte, falsche, flache und Gott
unterschätzende Predigten ein Grundübel unserer Zeit sind,
sollte dieses Buch, das zur Rückkehr zur biblischen, geistlichen Substanz der Predigt auffordert, eine Pflichtlektüre für
alle werden, die ein Anliegen für die Verkündigung haben
und damit für den Glauben, der allein aus der Verkündigung kommt.

Hans-Werner Deppe

Vorwort[*]

Viele Menschen verhungern geistlich, weil sie die Größe Gottes nicht sehen. Doch die meisten von ihnen würden, wenn sie ihr sorgenvolles Leben betrachten, diese Diagnose nicht stellen. Die Majestät Gottes ist ein weitgehend unbekanntes Heilmittel. Es gibt wesentlich beliebtere Rezepte auf dem Markt, doch alle anderen Heilmittel helfen nur kurz und oberflächlich. Predigten, die nicht das Aroma der Größe Gottes verbreiten, können vielleicht eine Zeit lang unterhalten, treffen aber nicht das tiefe Verlangen der Seele: »Zeige mir deine Herrlichkeit!«

Vor einigen Jahren, während der Gebetswoche unserer Gemeinde zum Jahresbeginn, überlegte ich mir, über die Heiligkeit Gottes aus Jesaja 6 zu predigen. Ich entschloss mich, am ersten Sonntag des Jahres Jesajas Vision von Gottes Heiligkeit zu entfalten:

> Im Todesjahr des Königs Usija, da sah ich den Herrn sitzen auf hohem und erhabenem Thron, und die Säume seines Gewandes füllten den Tempel. Seraphim standen über ihm. Jeder von ihnen hatte sechs Flügel: mit zweien bedeckte er sein Gesicht, mit zweien bedeckte er seine Füße, und mit zweien flog er. Und einer rief dem andern zu und sprach: Heilig, heilig, heilig ist der HERR der

---

[*] Pipers zwei Vorworte zur ursprünglichen und zur überarbeiteten Ausgabe wurden hier zu einem einzigen Vorwort zusammengefügt.

Heerscharen! Die ganze Erde ist erfüllt mit seiner Herrlichkeit! Da erbebten die Türpfosten in den Schwellen
von der Stimme des Rufenden, und das Haus wurde mit
Rauch erfüllt (Jesaja 6,1-4).

So predigte ich über die Heiligkeit Gottes und versuchte,
so gut wie möglich die Majestät und Herrlichkeit eines so
großen und heiligen Gottes darzustellen. Ich habe kein einziges Wort über die Anwendung auf unser Leben verloren.
Die praktische Anwendung ist beim normalen Ablauf einer
Predigt absolut wichtig, aber ich fühlte mich an diesem Tag
geführt, einen Test zu machen: Würde allein diese leiden-
schaftliche Darstellung der Größe Gottes bereits die Bedürf-
nisse der Zuhörer stillen?

Ich wusste nicht, dass erst kurz vor jenem Sonntag eine
junge Familie unserer Gemeinde erfahren hatte, dass ihr Kind
von einem Verwandten sexuell missbraucht worden war. Das
war eine unglaublich traumatische Erfahrung. Sie waren an
diesem Sonntagmorgen da und hörten die Botschaft. Die
modernen Gemeinde-Berater hätten uns Predigern gesagt:
»Bruder Piper, merken Sie nicht, dass Ihre Zuhörer Probleme
haben? Können Sie nicht aus Ihrer abgehobenen Himmelsrei-
se runterkommen und praktisch werden? Merken Sie nicht,
was für Menschen sonntags vor Ihnen sitzen?«

Doch etwas später erfuhr ich von dieser Geschichte. An
einem Sonntag nahm mich der Ehemann nach der Versammlung zur Seite und sagte: »John, das waren die schwersten
Monate unseres Lebens. Weißt du, was mich da durchgetra-
gen hat? Die Vision von Gottes Heiligkeit und Größe, die
du in der ersten Januarwoche erklärt hast. Das war der Fels,
der uns Halt gab.«

Die Größe und Herrlichkeit Gottes sind »relevant« – von
Bedeutung für unser Leben. Es ist egal, ob Umfragen eine

Liste von »gefühlten Bedürfnissen« ergeben haben, ohne dass die Größe des souveränen Gottes aller Gnade auf dieser Liste steht. Genau das ist das größte Bedürfnis. Menschen hungern nach Gott.

Eine andere Illustration dafür ist, wie in unserer Gemeinde zur Mission motiviert wird: genau so, wie in der Kirchengeschichte immer wieder zur Mission motiviert wurde. Junge Menschen sind heute nicht mehr Feuer und Flamme für Denominationen und Organisationen. Sie sind Feuer und Flamme für die Größe Gottes, der in der ganzen Welt sein Evangelium verkündigen und regieren will. Der erste große Missionar sagte: »Durch ihn haben wir Gnade und Apostelamt empfangen *um seines Namens willen* zum Glaubensgehorsam unter allen Nationen« (Römer 1,5; Hervorhebung hinzugefügt). Mission geschieht *um Gottes Namens willen.* Sie wird angetrieben von einer Liebe für Gottes Herrlichkeit und Ehre. Sie ist eine Antwort auf das Gebet: »Geheiligt werde dein Name!«

Deshalb bin ich davon überzeugt, dass die Vision von der Größe Gottes der Dreh- und Angelpunkt im Leben der Gemeinde ist, sowohl im pastoralen Dienst als auch in der weltweiten Mission. Unsere Gemeindeglieder müssen Predigten hören, die eine Faszination von Gott vermitteln. Sie brauchen wenigstens einmal pro Woche jemanden, der seine Stimme erhebt und die Erhabenheit Gottes herausstellt. Sie müssen das ganze Panorama seiner exzellenten Eigenschaften sehen. Robert Murray M'Cheyne sagte einmal: »Was meine Leute am nötigsten brauchen, ist meine persönliche Heiligkeit.«[1] Das mag stimmen, aber menschliche Heiligkeit ist nichts anderes als ein Leben, das von Gott völlig durchdrungen ist – ein Leben aus einer Weltsicht heraus, die von Gott fasziniert ist.

Gott selbst ist das notwendige Hauptthema unserer Pre-

digt: seine Majestät, seine Wahrheit, seine Heiligkeit, seine
Gerechtigkeit, seine Weisheit, seine Treue, seine Souveränität und seine Gnade. Ich meine damit nicht, dass wir nicht
über wesentliche, praktische Dinge wie Ehe und Kinderer-
ziehung und Aids und Völlerei und Fernsehen und Sex predigen sollten. Ich meine aber: All das sollte direkt in die heilige Gegenwart Gottes gestellt und dann sollte aufgedeckt
werden, ob die Wurzeln gottgemäß oder gottlos sind.

Es ist nicht die Aufgabe des Predigers, die Leute moralisch oder psychologisch aufzupäppeln und somit zu helfen,
in der Welt zurechtzukommen. Das können wir anderen
überlassen. Aber die meisten unserer Gemeindeglieder haben niemanden auf der Welt, der ihnen Woche für Woche
die erhabene Schönheit und Majestät Gottes zeigt. Es ist
eine Tragödie, dass so viele von ihnen geistlich verhungern,
weil ihnen keine Begeisterung von Gott vermittelt wird
wie es z. B. der bekannte alte Prediger Jonathan Edwards
(1703 – 1758) getan hat.

Der Kirchenhistoriker Mark Noll beschreibt diese Tragödie so:

> Seit Edwards haben die amerikanischen Evangelikalen
> ihr Leben nicht mehr von Grund auf christlich verstan-
> den, weil ihre ganze Gesellschaft ebenfalls diese Denk-
> weise preisgegeben hat. Edwards' *Frömmigkeit* lebte in
> den Erweckungsbewegungen fort und seine *Theologie* im
> akademischen Calvinismus, aber es gab keine Fortfüh-
> rung seiner gottbegeisterten Weltanschauung oder seiner
> tief theologischen Philosophie. Das Verschwinden von
> Edwards' Sichtweise aus der Geschichte des amerikani-
> schen Christentums ist eine Tragödie.[2]

Charles Colson teilt diese Überzeugung:

Die abendländische Gemeinde – die oft dahintreibt, sich
der Gesellschaft anpasst und mit der billigen Gnade infi-
ziert ist – muss unbedingt die herausfordernde Botschaft
von Edwards hören … Ich bin überzeugt, dass jene, die
Christus lieben und gehorchen, mit ihren Gebeten und
Bemühungen obsiegen können, wenn sie die Botschaft eines solchen Mannes wie Jonathan Edwards bewahren.[3]

Wenn Gottes Botschafter sich auf Edwards' gottbegeisterte
Weltsicht zurückbesinnen, wäre das ein Anlass zu großer
Freude und ein Grund zu tiefstem Dank gegenüber Gott,
der alles neu macht.

Mehr als je zuvor glaube ich, dass die Predigt ein Teil
des Anbetungsgottesdienstes der versammelten Gemeinde
ist. Predigt ist Gottesdienst und gehört ins reguläre Anbe-
tungsleben jeder Gemeinde. Auch in kleinen Gemeinden
soll gepredigt und nicht nur »sich ausgetauscht« oder »Gedanken weitergegeben« werden. Auch in Mega-Gemeinden
ist es nicht überflüssig oder überholt. Predigen ist anbeten
mittels des Wortes Gottes – mittels des Textes der heiligen
Schrift – samt Erklärung und Lobpreis.

Die Predigt gehört in den gemeinsamen Gottesdienst
der Gemeinde, nicht nur weil das Neue Testament im Zusammenhang des Gemeindegeschehens befiehlt: »Predige
das Wort« (*keryxon ton logon*; 2. Timotheus 3,16 – 4,2),
sondern, was noch grundlegender ist, weil das zweifältige
Wesen von Anbetung dies erfordert.

Dieses zweifältige Wesen der Anbetung beruht auf der
Art und Weise, wie Gott sich uns offenbart. Jonathan Edwards drückt das so aus:

Gott verherrlicht sich gegenüber seinen Geschöpfen in
zweifacher Weise: 1. Indem er sich ihrem Verständnis

präsentiert ... 2. indem er sich ihren Herzen mitteilt und
sie sich am Offenbarwerden Gottes freuen und dafür be-
geistern ... *Gott wird nicht nur dadurch verherrlicht, dass
seine Herrlichkeit gesehen wird, sondern dadurch, dass sie
zu Freude führt.* Wenn jene, die seine Herrlichkeit sehen,
sich auch darüber freuen, wird Gott mehr verherrlicht,
als würden sie sie lediglich sehen. Dann wird seine Herrlichkeit von der ganzen Seele aufgenommen, sowohl vom
Verstand als auch vom Herzen.[4]

Wahre Anbetung hat stets zwei Elemente: Gott *sehen* und
Gott *genießen*. Diese zwei Dinge kann man nicht trennen.
Um ihn zu genießen, muss man ihn sehen. Und wenn man
ihn nicht genießt, obwohl man ihn sieht, beleidigt man ihn.
Zu wahrer Anbetung gehört das *Begreifen* im Verstand
ebenso wie das *Fühlen* im Herzen. Das Verstehen muss
stets die Grundlage des Fühlens sein, sonst ist es bloße Ge-
fühlsduselei. Aber ein Begreifen Gottes ohne aufsteigende
Gefühle für Gott wird zu bloßem, toten Intellektualismus.
Deshalb ruft uns die Bibel ständig auf, einerseits über Gott
nachzusinnen und sein Wort zu studieren, und andererseits
sich darüber zu freuen und zu jubeln, Gott zu fürchten, das
eigene Elend zu beklagen, und voller Hoffnung und Begeisterung zu sein. Beides gehört elementar zur Anbetung.

Warum wird das Wort Gottes im Gottesdienst gerade
in Form der Predigt vermittelt? Weil die echte Predigt die
Kommunikationsform ist, die stets diese beiden Seiten der
Anbetung verbindet – sowohl in ihrer Art und Weise als auch
in ihrem Ziel. Als Paulus in 2. Timotheus 4,2 an Timotheus
schreibt: »Predige das Wort«, verwendet er für »predigen«
einen Ausdruck, der »wie ein Herold verkündigen, ausrufen,
bekanntgeben« (*keryxon*) bedeutet. Dieses Wort meint nicht
in erster Linie »lehren« oder »erklären«. Es beschreibt, was

ein Stadtrufer tat: »Hört her, hört her, hört alle her! Der König lässt eine gute Nachricht verkündigen für alle, die seinem Thron die Treue schwören. Es sei euch kund, dass er all denen ewiges Leben geben wird, die seinem Sohn vertrauen und ihn lieben.« Ich nenne das »Herolds-Jubel«. Predigen ist ein öffentlicher Jubel über die Wahrheit, die durch die Predigt verkündigt wird. Sie ist weder gleichgültig noch »cool«, noch neutral. Sie ist keine bloße Erläuterung. Sie ist geprägt von offenkundiger und mitreißender Leidenschaft an ihrem Inhalt.

Nichtsdestotrotz beinhaltet dieser Heroldsruf Lehre. Auch das können wir in 2. Timotheus 3,16 sehen: Die Schrift (aus der die Predigt hergeleitet ist) ist »nützlich zur *Lehre*«. Und auch im selben Zusammenhang in 2. Timotheus 4,2 wird dies deutlich:»Predige das Wort ... überführe, weise zurecht, ermahne mit aller Langmut und Lehre.« Deshalb ist die Predigt textauslegend. In ihr geht es um das Wort Gottes. Eine echte Predigt ist keine bloße Menschenmeinung. Sie ist die gewissenhafte Auslegung des Wortes Gottes. So kann man sagen, dass Predigen *textauslegender Jubel* ist.

Die Predigt ist also deshalb so elementar für die gemeinschaftliche Anbetung der Gemeinde, weil allein sie Nahrung bietet sowohl für *Verstand* als auch *Gefühl*. Allein sie kann dazu motivieren, Gott sowohl zu *sehen* als auch zu *genießen*. Gott hat verordnet, dass sein Wort in einer Art und Weise vermittelt wird, die sowohl den Verstand belehrt als auch das Herz berührt.

Ich danke Gott immer wieder dafür, dass er mich an keinem einzigen Sonntagmorgen ohne ein Wort, das ich reden konnte, und ohne eine Begeisterung, es zu seiner Ehre auszusprechen, gelassen hat. Auch ich habe meine Stimmungsschwankungen. Meine Familie – meine stets ausgeglichene

Frau und meine vier Söhne –, weiß das aus leidvoller Erfahrung. Kritisierende Briefe können durch Mark und Bein gehen und Entmutigungen so tief treffen, dass sie den Prediger schier betäuben. Aber es ist ein Geschenk der unermesslichen, souveränen Gnade Gottes, dass er mir über allen Verdienst und jedes Maß hinaus sein Wort geöffnet und ein Herz gegeben hat, es zu genießen und Woche für Woche zu verkündigen. Ich habe nie aufgehört, das Predigen zu lieben.

Bei aller Gnade Gottes gibt es auch einen menschlichen Grund dafür. Charles Spurgeon kannte ihn ebenso wie die meisten guten Prediger. Spurgeon wurde einmal nach dem Geheimnis seines Predigtdienstes gefragt. Nach einer kurzen Pause antwortete er: »Meine Leute beten für mich.«[5] Das ist der Grund, warum ich es immer noch liebe zu predigen. Das ist der Grund, warum ich immer und immer wieder zum Predigtdienst motiviert werde. Das ist der Anlass, warum dieses Buch geschrieben wurde, obwohl auch ich von Schwächen und Unvollkommenheiten behaftet bin. Meine Leute beten für mich. Ihnen widme ich dieses Buch in Liebe und Dankbarkeit.

Ich bete, dass dieses Buch die Herzen der Herolde Gottes anrührt, damit die wichtige apostolische Ermahnung erfüllt wird:

Wenn jemand redet, so rede er es als Aussprüche Gottes; wenn jemand dient, so sei es als aus der Kraft, die Gott darreicht, damit in allem Gott verherrlicht werde durch Jesus Christus, dem die Herrlichkeit ist und die Macht von Ewigkeit zu Ewigkeit! Amen (1. Petrus 4,11).

John Piper, 1990 / 2003

Teil 1

Warum in der Predigt Gottes überragende Herrlichkeit vermittelt werden sollte

EINS

Das Ziel der Predigt

Die Herrlichkeit Gottes

Im September 1966 studierte ich am Wheaton College mit dem Hauptfach Literatur. Während des Sommers hatte ich einen Chemiekurs abgeschlossen, hatte mich Hals über Kopf in Noel verliebt (mit der ich nunmehr seit über 35 Jahren verheiratet bin) und war schlimmer als je zuvor an Pfeifferschem Drüsenfieber erkrankt. Mein Arzt wies mich für drei Wochen ins Krankenhaus ein. Es sollten die entscheidendsten Wochen meines Lebens werden und eine Zeit, für die ich Gott ewig dankbar sein werde.

Damals, 1966, begann das Herbstsemester mit einer »geistlichen Rüstwoche.« Der Referent war Harold John Ockenga. Es war das erste und letzte Mal, dass ich ihn predigen hörte. Der College-Radiosender übertrug die Predigten und ich hörte sie knapp 200 Meter von seiner Kanzel entfernt von meinem Krankenhausbett aus. Durch Ockengas Predigt des Wortes Gottes wurde mein Leben für immer verändert.

Ich kann mich daran erinnern, dass beim Zuhören mein Herz vor Verlangen fast platzte – vor Sehnsucht, das Wort Gottes so gut zu kennen und mit ihm so gut umgehen zu können wie er. Durch diese Botschaften berief Gott mich unwiderstehlich und – so glaube ich – unwiderruflich in den Dienst an seinem Wort. Seitdem teile ich Spurgeons Überzeugung, dass der subjektive Beweis für eine Berufung

Gottes zum Predigen »ein intensives, alles verzehrendes Verlangen nach diesem Dienst« ist.[1]

Als ich aus dem Krankenhaus entlassen wurde, brach ich meinen Kurs in organischer Chemie ab und achtete darauf, die beste biblische und theologische Ausbildung zu erhalten, die ich bekommen konnte. Heute, fast vierzig Jahre später, kann ich bezeugen, dass der Herr mich nie an dieser Berufung zweifeln ließ. Es klingt heute noch genauso klar in meinem Herzen, wie es immer geklungen hat. Und ich staune ehrfurchtsvoll über die Vorsehung Gottes: Er erlöste mich und berief mich als Diener seines Wortes, und zwanzig Jahre später ließ er mich bei den »Harold-John-Ockenga-Vorträgen« am Theologischen Seminar Gordon Conwell als Redner sprechen.

Das war ein besonderes Vorrecht für mich. Ich betete, dass es ein passendes Tribut auf die Verdienste von Dr. Ockenga sein möge, der mich nie kennen gelernt hat. Und es sollte verdeutlichen, dass wir den wahren Nutzen unseres Predigtdienstes erst dann erkennen werden, wenn alle Früchte an allen Ästen aller Bäume, die aus dem von uns gestreuten Samen hervorgegangen sind, im Sonnenlicht der Ewigkeit zur vollen Reife gelangt sind.

Denn wie der Regen fällt und vom Himmel der Schnee und nicht dahin zurückkehrt, sondern die Erde tränkt, sie befruchtet und sie sprießen lässt, dass sie dem Sämann Samen gibt und Brot dem Essenden, so wird mein Wort sein, das aus meinem Mund hervorgeht. Es wird nicht leer zu mir zurückkehren, sondern es wird bewirken, was mir gefällt, und ausführen, wozu ich es gesandt habe (Jesaja 55, 10-11).

Harold Ockenga hat nie erfahren, was seine Predigten in

meinem Leben bewirkt haben. Und das müssen wir uns merken: Gott wird viele Früchte unseres Dienstes verbergen. Wir werden genug sehen, um des Segens gewiss zu sein, aber nicht so viel, dass wir meinen, ohne diesen Segen leben zu können. Denn Gott will nicht den Prediger erheben, sondern sich selbst. Und das führt uns zum eigentlichen Thema: Die Zentralität und Erhabenheit Gottes in der Predigt. Wir werden dieses Thema in Anlehnung an die Dreieinigkeit Gottes dreifach gliedern:

- Das Ziel der Predigt: die Ehre Gottes
- Die Grundlage der Predigt: das Kreuz Christi
- Die Gabe der Predigt: die Kraft des Heiligen Geistes

Gott Vater, Gott Sohn und Gott Heiliger Geist sind Anfang, Zentrum und Ziel des Predigtdienstes. Über allen Aufgaben in der Gemeindearbeit, insbesondere über dem Predigtdienst, stehen die Worte des Apostels: »Denn aus ihm und durch ihn und zu ihm hin sind alle Dinge! Ihm sei die Herrlichkeit in Ewigkeit« (Römer 11,36).

Der schottische Prediger James Stewart sagte einmal: Es ist das Ziel jeder ernsthaften Predigt, »das Gewissen durch die Heiligkeit Gottes zu erwecken, den Verstand mit der Wahrheit Gottes zu füllen, die Kreativität durch die Schönheit Gottes zu reinigen, das Herz für die Liebe Gottes zu öffnen, den Willen dem Ratschluss Gottes zu weihen.«[2] Anders ausgedrückt: Gott ist das Ziel der Predigt. Gott ist die Grundlage der Predigt – und alles dazwischen wird durch den Geist Gottes gegeben.

Beim Schreiben dieses Buches lastet das Anliegen auf mir, ein Plädoyer für die Zentralität und Erhabenheit Gottes in der Predigt zu halten. Ich möchte verdeutlichen, dass das *Hauptaugenmerk* der Predigt auf Gottes freier, souveräner

Gnade liegt, dass der Eifer Gottes für seine eigene Herrlichkeit *das alles vereinende Thema* sein muss, dass das unendliche und unermessliche Wesen Gottes das *Hauptziel* der
Predigt ist und dass die Heiligkeit Gottes die *alles durchdringende Atmosphäre* der Predigt sein soll. Wenn dann in der
Predigt die gewöhnlichen Dinge des Lebens angesprochen
werden – Familie, Arbeit, Freizeit, Freundschaften – oder die
Probleme unserer Zeit – Aids, Scheidung, Sucht, Depression,
Missbrauch, Armut, Hunger und, was das größte Problem
ist, die unerreichten Völker dieser Welt – werden diese Themen nicht einfach nur aufgegriffen. Sie werden festgehalten
und mitten ins Zentrum geführt, vor den Thron Gottes.

John Henry Jowett, der bis 1923 vierunddreißig Jahre
lang in England und Amerika predigte, sah darin die große
Kraftquelle solcher Prediger des neunzehnten Jahrhunderts
wie Robert Dale, John Newman und Charles Spurgeon:

> Sie waren stets willens, an den Fenstern im Dorf innezu-
> halten [bildhaft für: auf Alltägliches einzugehen], aber
> sie zeigten, wo vom Dorf die Straße auf die Höhen führt
> und sandten eure orientierungslosen Seelen hinauf auf
> die Hügel der Ewigkeit Gottes ... Es ist dieser Sinn für
> Größe, dieses allgegenwärtige Gespür und Erahnen des
> unendlichen Gottes, das wir in unseren Predigten wie-
> derbeleben müssen.[3]

Heute, fast ein Jahrhundert später, ist diese Wiederbelebung
zehnmal so nötig wie damals.

Mir geht es nicht um irgendeine künstlerische, elitäre
Versessenheit auf philosophische oder intellektuelle Spitz-
findigkeiten. Es gibt ästhetisch geprägte Menschen, die die
Gottesdienste der anglikanischen Hochkirche lieben, weil
sie die Lockerheit der evangelikalen Gottesdienste nicht er-

tragen können. Aber das ist nicht, was ich will. Spurgeon war alles andere als ein elitärer Intellektueller. Kaum ein anderer Prediger war beim Volk beliebter als er. Seine Botschaften waren jedoch prall gefüllt mit Gott und ihre Atmosphäre war geladen von ehrfurchtgebietenden Wahrheiten. »Wir werden nie große Prediger haben, wenn uns große Theologen fehlen«,[4] sagte er.

Der Grund dafür war nicht etwa, dass er sich mehr um großartige Ideen kümmerte als um verlorene Seelen. Er sorgte sich um das eine, weil er das andere liebte. Genauso war es bei Isaac Watts, der hundert Jahre früher lebte. Samuel Johnson sagte über Watts: »Was immer er anpackte, wurde durch seine unablässige Sorge um Seelen in Theologie umgewandelt.«[5] Ich interpretiere das so: Watts brachte alles in Verbindung mit Gott, weil ihm Menschen wichtig waren.

Ich glaube, dass Johnson über einen Großteil der heutigen Predigten sagen würde: »Was immer der Prediger anpackt, wird durch seine unablässige Sorge um Relevanz in Psychologie umgewandelt.« Und dieser Verlust des theologischen Nervs ehrt weder die großen Ziele des Predigens noch die angemessene Stellung der Psychologie. Ich schätze, manche Menschen zweifeln deshalb am bleibenden Wert einer gottzentrierten Predigt, weil sie nie eine derartige Predigt gehört haben. J. I. Packer berichtet, wie er 1948 und 1949 jeden Sonntagabend die Predigten von D. Martyn Lloyd-Jones in der Westminster Chapel hörte. Er sagte, dass er nie zuvor solche Predigten gehört hatte. Sie begegneten ihm mit der Kraft und Überraschung eines Elektroschocks. Lloyd-Jones vermittelte ihm »ein größeres Bewusstsein von Gott als jeder andere Mensch.«[6]

Ist es das, was man heute aus dem Gottesdienst mitnimmt? Ein Bewusstsein von Gott, einen Sinn für seine souveräne Gnade, einen Eindruck von seiner allumfassenden

Herrlichkeit, das großartige Thema von Gottes unendlichem Wesen? Treten die Leute eine Stunde die Woche – und das ist keine übertriebene Erwartung – in eine Atmosphäre der Heiligkeit Gottes ein, deren Nachgeschmack die ganze Woche über auf ihrem Leben haftet?

Cotton Mather, der vor dreihundert Jahren in New England predigte, sagte einmal:»Der große Sinn und Zweck des Predigtdienstes ist es, in den Menschenseelen den Thron und die Herrschaft Gottes aufzurichten.«[7] Das war keine rhetorische Schnörkelei. Es war eine wohlüberlegte und richtige exegetische Schlussfolgerung aus einem der bedeutendsten Bibeltexte über Gottes Zentralität in der Predigt. Der Text, über den Mathers sprach, ist Römer 10,14-15:

> Wie sollen sie nun den anrufen, an den sie nicht geglaubt haben? Wie aber sollen sie an den glauben, von dem sie nicht gehört haben? Wie aber sollen sie hören ohne einen Prediger? Wie aber sollen sie predigen, wenn sie nicht gesandt sind? Wie geschrieben steht:»Wie lieblich sind die Füße derer, die Gutes verkündigen!«

Von diesem Text her kann *Predigen* definiert werden als *das Verkündigen der guten Nachricht durch einen von Gott gesandten Botschafter.* (»Verkündigen« – von *keryssontos* in Vers 14; »gute Nachricht« – von *euangelizomenon agatha* in Vers 15; »durch einen gesandten Botschafter« – von *apostalosin* in Vers 15.)

Doch die entscheidende Frage ist: Was verkündigt der Prediger? Welche gute Nachricht ist hier gemeint? Da Vers 16 ein Zitat aus Jesaja 52,7 ist, tun wir gut daran, ins Buch Jesaja zu schauen und Jesaja selbst diese gute Nachricht definieren zu lassen. Hören wir, was Mather in diesem Vers über den großen Sinn und Zweck des Predigen sah:

> Wie lieblich sind auf den Bergen die Füße dessen, der
> frohe Botschaft bringt, der Frieden verkündet, der gu-
> te Botschaft bringt, der Heil verkündet, der zu Zion
> spricht: »Dein Gott herrscht als König!«

Die frohe Botschaft des Predigers von Frieden und Heil ist
in diesem einen Satz zusammengefasst: »Dein Gott herrscht
als König!« Mather wendet dies mit vollem Recht auf den
Prediger an: »Der große Sinn und Zweck des Predigtdienstes ist es, in den Menschenseelen den Thron und die Herrschaft Gottes aufzurichten.«

Der Leitgedanke im Munde jedes Propheten und Predigers, sei es zur Zeit Jesajas oder Jesu oder heute, lautet:
»Dein Gott herrscht als König!« Gott ist der König des
Universums, er hat die absoluten Rechte eines Schöpfers
über diese Welt und über alles, was in ihr ist. Aber überall
grassiert Rebellion und Meuterei, und Gottes Autorität wird
von Millionen verachtet. Deshalb sendet der Herr Prediger
in diese Welt, um auszurufen, dass Gott als König herrscht
und dass er nicht zulassen wird, dass seine Herrlichkeit un-
entwegt verachtet wird. Er lässt verkündigen, dass er seine
Ehre mit großem und schrecklichem Zorn verteidigen wird,
dass er aber all jenen Rebellen eine vollständige und freie
Amnestie anbietet, die von ihrer Rebellion umkehren, ihn
um Gnade anrufen, sich vor seinem Thron beugen und ihm
für immer Loyalität und Treue schwören. Die Amnestie
wird mit dem Blut seines Sohnes unterschrieben.

Somit hatte Mather absolut Recht: Der große Sinn und
Zweck des Predigens ist, in den Menschenseelen den Thron
und die Herrschaft Gottes aufzurichten. Aber warum? Können wir dem auf den Grund gehen? Was motiviert Gott, von
uns zu fordern, dass wir uns seiner Autorität unterwerfen,
und uns die Gnade einer Amnestie anzubieten?

Jesaja gibt uns die Antwort einige Kapitel zuvor in 48,9-11. Dort sagt Gott über seine Gnade gegenüber Israel:

> Um meines Namens willen halte ich meinen Zorn zurück, und um meines Ruhmes willen bezähme ich mich dir zugute, um dich nicht auszurotten. Siehe, ich habe dich geläutert, doch nicht im Silberschmelzofen; ich habe dich geprüft im Schmelzofen des Elends. Um meinetwillen, um meinetwillen will ich es tun – denn wie würde mein Name entweiht werden! –, und meine Ehre gebe ich keinem andern.

Dass Gott als König souverän und gnädig handelt, beruht auf seiner unentwegten Leidenschaft, seinen Namen zu verherrlichen und seine Herrlichkeit zu zeigen.

Daher können wir noch tiefer vordringen als Mather. Hinter Gottes Entschlossenheit, als König zu herrschen, steht seine noch tiefere und grundlegende Entschlossenheit, dass seine Herrlichkeit eines Tages die Erde füllen wird (4. Mose 14,21; Psalm 57,6; 72,19; Jesaja 11,9; Habakuk 2,14). Diese Entdeckung hat eine enorme Bedeutung für das Predigen: Es ist Gottes grundlegendster Ratschluss für diese Welt, sie mit mannigfachem Widerhall seiner Herrlichkeit zu erfüllen, einem Widerhall aus dem Mund von Erlösten aus jedem Stamm, jeder Sprache, jedem Volk und jeder Nation (Offenbarung 5,9).[8] Aber die Herrlichkeit Gottes spiegelt sich nicht glanzvoll in den Herzen solcher Menschen wider, die unfreiwillig vor seiner Autorität kuschen oder ihm in sklavischer Furcht gehorchen und keine Freude an der Herrlichkeit ihres Königs haben.

Die Bedeutung für die Predigt ist offenkundig: Wenn Gott seine Botschafter aussendet, um zu verkünden: »Dein Gott herrscht als König!«, dann will er nicht Unterordnung durch einen bloßen Akt roher Autorität erzwingen; vielmehr will er mit unwiderstehlichen Offenbarungen seiner Herrlichkeit unsere Zuneigung gewinnen. Die einzige Unterordnung, die die Würde und Herrlichkeit des Königs völlig widerspiegelt, ist eine freudige Unterordnung. Widerwillige Unterordnung beleidigt den König. Fehlt dem Untertan die Freude, entgeht dem König die Ehre.

Dasselbe drückte Jesus auch in Matthäus 13,44 aus: »Das Reich [wörtl. das Königreich, die Herrschaft] der Himmel gleicht einem im Acker verborgenen Schatz, den ein Mensch fand und verbarg; und vor Freude darüber [in freudiger Unterwerfung unter diese Herrschaft und in Freude über ihre Herrlichkeit und ihren Wert] geht er hin und verkauft alles, was er hat, und kauft jenen Acker.« Ist das Reich Gottes ein Schatz, dann ist Unterwerfung eine Freude. Oder andersherum gesehen: Wenn Unterwerfung eine Freude ist, dann wird das Reich Gottes wie ein Schatz verherrlicht. Wenn also das Ziel des Predigens die Verherrlichung Gottes ist, muss die Predigt auf freudige Unterwerfung unter seine Herrschaft abzielen und nicht auf brutale Unterwerfung.

Paulus sagte in 2. Korinther 4,5: »Denn wir predigen nicht uns selbst, sondern Christus Jesus als Herrn, uns aber als eure Sklaven um Jesu willen.« In Vers 6 geht er jedoch über die Verkündigung der Herrschaft Christi – über die Herrschaft und Autorität des Königs Jesus – hinaus und kommt zum Kern des Predigens: Es ist der »Lichtglanz der Erkenntnis der Herrlichkeit Gottes im Angesicht Jesu Christi.« Die einzige Unterwerfung unter die Herrschaft Christi, die seine Würde und seine Schönheit wirklich herausstellt, ist die demütige Freude der Seele an der Herrlichkeit Gottes im Anblick seines Sohnes.

Das Wunder des Evangeliums und die befreiendste Entdeckung, die ich als Sünder je gemacht habe, ist dies: dass

Gottes tiefste Entschlossenheit, verherrlicht zu werden, und mein tiefstes Verlangen nach Erfüllung nicht im Widerspruch stehen, sondern vielmehr beide harmonisch erfüllt werden, indem Gott seine Herrlichkeit offenbart und ich mich an seiner Herrlichkeit erfreue. [9] Das Ziel des Predigens ist daher die Verherrlichung Gottes, die darin zum Ausdruck kommt, dass sich der Zuhörer Gott in seinem Herzen freudig unterwirft. Und die Priorität Gottes in der Predigt wird hierdurch sichergestellt: Der, der Erfüllung schenkt, bekommt die Ehre; der, der die Freude schenkt, ist der Schatz.

ZWEI

Der Grund der Predigt

Das Kreuz Christi

Predigen ist das Verkündigen der guten Nachricht durch einen von Gott gesandten Botschafter. Er verkündigt die gute Nachricht ...

- dass Gott regiert;
- dass er regiert, um seine Herrlichkeit zu offenbaren;
- dass seine Herrlichkeit am umfassendsten offenbart wird, wenn seine Geschöpfe sich ihm freudig unterwerfen;
- dass deshalb letztendlich kein Konflikt besteht zwischen Gottes Eifer für seine Verherrlichung und unserem Verlangen nach Erfüllung;
- und dass eines Tages die Erde von der Herrlichkeit des Herrn erfüllt sein wird, was ein Echo findet in der glühenden Anbetung der erlösten Gemeinde, die aus jedem Volk und jeder Sprache und jedem Stamm und jeder Nation gesammelt wurde.

Das Ziel des Predigens ist die Verherrlichung Gottes in Christus, die sich in der freudigen Unterwerfung seiner Geschöpfe widerspiegelt.

Doch liegen diesem Ziel zwei massive Hindernisse im Wege: die Gerechtigkeit Gottes und der Stolz des Menschen. Die Gerechtigkeit Gottes ist sein unbeirrbarer Eifer, sich selbst zu verherrlichen.[1] Und der Stolz des Menschen ist sein unbeirrbarer Eifer, ebenfalls sich selbst zu verherrlichen.

Was bei Gott Gerechtigkeit ist, ist beim Menschen Sünde. Das ist der Kernpunkt beim Sündenfall in 1. Mose 3: dass durch eine Versuchung die Sünde in die Welt kam, und diese Versuchung war: »Ihr werdet sein wie Gott.« Das Streben, es Gott gleichzutun, ist hier das eigentliche Wesen unserer Verderbnis.

Unsere Ureltern kamen dadurch zu Fall, und in ihnen kamen wir alle zu Fall. Jetzt gehört diese Verdorbenheit zu unserer Natur. Wir nehmen den Spiegel des Abbildes Gottes, der ursprünglich dazu gedacht war, in dieser Welt Gottes Herrlichkeit widerzuspiegeln, und kehren dem Licht den Rücken zu. So sind wir selbstverliebt in die schemenhaften Umrisse unseres eigenen dunklen Schattens und versuchen verzweifelt uns zu überzeugen, dass dieser trübe Schatten in unserem Blickfeld wirklich glorreich sei und Erfüllung bieten könne: sei es durch technische Errungenschaften, geschicktes Management, sportliche Heldentaten, akademische Bestleistungen, sexuelle Abenteuer oder revolutionäre Frisuren. In unserer stolzen Selbstverliebtheit überhäufen wir Gottes Herrlichkeit mit Verachtung – ob wir uns dessen bewusst sind oder nicht.

Und während unser Stolz Gottes Herrlichkeit verachtet, verpflichtet ihn seine Gerechtigkeit, unseren Stolz mit Zorn zu überhäufen.

Die stolzen Augen des Menschen werden erniedrigt, und der Hochmut des Mannes wird gebeugt werden. Aber der Herr wird hoch erhaben sein, er allein, an jenem Tag.

Denn wie würde mein Name entweiht werden! –, und meine Ehre gebe ich keinem andern.

> Die Augen der Hochmütigen werden erniedrigt ...
> und Gott, der Heilige, wird sich heilig erweisen in Ge-
> rechtigkeit.
> Vernichtung ist beschlossen, einherflutend mit Ge-
> rechtigkeit.
>
> Jesaja 2,11; 48,11; 5,15-16; 10,22

Das Ziel des Predigens ist die Verherrlichung Gottes, indem
seine Geschöpfe sich ihm freudig unterwerfen. Daher liegt
ein Hindernis für dieses Predigen in Gott begründet und
eines im Menschen. Der stolze Mensch freut sich nicht über
Gottes Verherrlichung und der gerechte Gott duldet nicht,
dass seine Verherrlichung verachtet wird.

Wo gibt es also überhaupt Hoffnung, dass die Predigt
ihr Ziel erreichen könnte – dass Gott verherrlicht wird in
denen, die in ihm Erfüllung finden? Kann die Gerechtigkeit Gottes jemals ihre Ablehnung gegen Sünder aufgeben?
Kann der Stolz der Menschen jemals von seiner eigenen Ei-
telkeit befreit werden und an Gottes Herrlichkeit Genugtu-
ung finden? Gibt es Anlass zu einer solchen Hoffnung? Gibt
es eine Grundlage für berechtigtes und verheißungsvolles
Predigen?

Ja, diese Grundlage gibt es. Durch das Kreuz Christi hat
Gott beide Hindernisse für das Predigen überwunden. Das
Kreuz überwindet das objektive, äußere Hindernis von Gottes gerechter Verurteilung des menschlichen Stolzes, und
das Kreuz überwindet das subjektive, innere Hindernis unserer stolzen Ablehnung von Gottes Verherrlichung. Durch
diese Überwinderkraft wird das Kreuz zur Grundlage der
objektiven Berechtigung der Predigt und zur Grundlage ihrer subjektiven Demut.

Diese beiden Punkte wollen wir nun nacheinander von
der Bibel her betrachten.

1. Das Kreuz als Grundlage für die Berechtigung der Predigt

Das grundlegendste Problem des Predigens ist die Frage, wie ein Prediger Sündern Hoffnung machen kann in Anbetracht von Gottes unumstößlicher Gerechtigkeit. Natürlich hält der Mensch selbst dies nicht für das größte Problem. Das hat er noch nie getan.

Auf einer Kassette hörte ich einmal eine Predigt von R. C. Sproul, der diesen Punkt sehr gut erklärte. Seine Predigt über Lukas 13,1-5 hieß »Der falsche Ort für Bewunderung«. Einige Juden kamen zu Jesus und berichteten ihm von jenen Galiläern, deren Blut Pilatus mit ihren Schlachtopfern vermischt hatte. Jesu Antwort war auf eine schockierende Weise wenig sensibel: »Meint ihr, dass diese Galiläer vor allen Galiläern Sünder waren, weil sie dies erlitten haben? Nein, sage ich euch, sondern wenn ihr nicht Buße tut, werdet ihr alle ebenso umkommen.« Anders ausgedrückt: »Seid ihr darüber schockiert, dass Pilatus ein paar Galiläer umgebracht hat? Worüber ihr schockiert sein solltet, ist, dass ihr nicht alle umgebracht worden seid, aber dass euch dieses Schicksal eines Tages bevorstehen wird, wenn ihr nicht Buße tut.«

Sproul erklärte, dass wir hier den uralten Unterschied sehen zwischen dem, wie der natürliche Mensch seine gestörte Beziehung zu Gott sieht und wie die Bibel diese gestörte Beziehung darstellt. Wer den Menschen ins Zentrum stellt, staunt, dass Gott seinen Geschöpfen Leben und Freude entzieht. Aber die gottzentrierte Bibel staunt, dass Gott Sünder vor dem Gericht verschont. Das hat weitreichende Konsequenzen für die Predigt: Prediger, die sich nach der Bibel und nicht nach der Welt richten, kämpfen immer mit geistlichen Realitäten, von denen viele Zuhörer nicht einmal wissen, dass es sie gibt, oder die sie für unbedeutend halten. Aber der entscheidende Punkt lautet: Das grundlegende Problem beim Predigen ist die Frage, wie ein Prediger Sündern Hoffnung machen kann angesichts von Gottes unumstößlicher Gerechtigkeit – egal, ob unsere humanistische Zeit ein Gespür dafür hat oder nicht.

Und die glorreiche Lösung dieses Problems ist das Kreuz Christi. Das wird uns am klarsten in Römer 3,23-26 erklärt:

> Alle haben gesündigt und erlangen nicht die Herrlichkeit Gottes [sie tauschten die Herrlichkeit Gottes gegen die Herrlichkeit der Schöpfung – Römer 1,23] und werden umsonst gerechtfertigt durch seine Gnade, durch die Erlösung, die in Christus Jesus ist. Ihn hat Gott hingestellt als einen Sühneort durch den Glauben an sein Blut [Hier ist das Kreuz!] zum Erweis seiner Gerechtigkeit wegen des Hingehenlassens der vorher geschehenen Sünden unter der Nachsicht Gottes; zum Erweis seiner Gerechtigkeit in der jetzigen Zeit, dass er gerecht sei und den rechtfertige, der des Glaubens an Jesus ist.

Dieser faszinierende Abschnitt besagt, dass das grundlegendste Problem des Predigens durch das Kreuz überwunden worden ist. Ohne das Kreuz würde sich die Gerechtigkeit Gottes nur in der Verdammung von Sündern zeigen, und das Ziel des Predigens wäre hinfällig – Gott würde nicht durch die Freude seiner sündigen Geschöpfe verherrlicht werden. Seine Gerechtigkeit würde lediglich in ihrem Verderben zum Tragen kommen.

Was diese Schriftstelle lehrt, ist Folgendes: Obwohl alle die Herrlichkeit Gottes verachten (nach Römer 3,23) und obwohl Gottes Gerechtigkeit mit seiner beharrlichen Ent-

schlossenheit einhergeht, diese Herrlichkeit aufrechtzuer-
halten (was aus Römer 3,25 hervorgeht), hat Gott dennoch
einen Weg geschaffen, um sowohl seine Herrlichkeit zu verteidigen als auch zugleich den Sündern Hoffnung zu geben,
die diese Herrlichkeit verachtet haben. Und diesen Weg
bereitete er durch den Tod seines Sohnes. Es kostete den
unendlich wertvollen Tod des Sohnes Gottes, um die Uneh-
re wieder gutzumachen, die mein Stolz auf die Herrlichkeit
Gottes gebracht hat.

Wenn moderne Selbstwert-Propheten behaupten, das
Kreuz verdeutliche meinen eigenen unendlichen Wert, weil
Gott bereit gewesen sei, einen so hohen Preis für mich zu
zahlen, verdreht das die Bedeutung des Kreuzes auf schreckliche Weise. Die biblische Perspektive ist, dass das Kreuz
den unendlichen Wert von Gottes Herrlichkeit verdeutlicht – und die unermesslich große Sünde meines Stolzes.
Was uns schockieren sollte, ist, dass wir Gottes Wert so sehr
geringgeschätzt haben, dass sogar der Tod seines Sohnes nötig war, um diesen Wert zu verteidigen. Das Kreuz bezeugt
den unendlichen Wert Gottes und die unendliche Abscheu-
lichkeit der Sünde.

Nun können wir hoffentlich daraus lernen: Was Gott mit
dem Kreuz Christi erreichte, bietet die Berechtigung bezie-
hungsweise die Grundlage des Predigens. Ohne das Kreuz
wäre Predigen unberechtigt. Das Ziel des Predigens würde einen unlösbaren Widerspruch beinhalten – die Verherrlichung
eines gerechten Gottes durch die Freude sündiger Menschen.
Aber das Kreuz hat die zwei Seiten des Predigtziels zusam-
mengebracht, obwohl sie hoffnungslos unvereinbar schienen:
1. die Rechtfertigung und Erhebung von Gottes Herrlichkeit
und 2. die Hoffnung und Freude des Sünders.

In Kapitel 1 haben wir gesehen: Predigen ist das Verkündigen der guten Nachricht, dass Gottes Eifer für seine

Verherrlichung und unser Verlangen nach Erfüllung letztendlich nicht in Konflikt miteinander stehen. Und in diesem Kapitel haben wir gesehen, dass das Kreuz Christi die
Grundlage dieser Verkündigung ist. Das ist das Evangelium,
das allem anderen, was in der Predigt zu sagen ist, zugrunde
liegt. Ohne das Kreuz wäre ein Predigen, das auf die Verherrlichung eines gerechten Gottes durch die Freude von
sündigen Menschheit abzielt, ohne Berechtigung.

2. Das Kreuz als Grundlage für die Demut des Predigens

Das Kreuz ist jedoch auch der Grund für die Demut des
Predigens, da es die Kraft Gottes ist, um den Stolz sowohl
des Predigers als auch der Versammlung zu töten. Im Neu-
en Testament ist das Kreuz nicht nur ein Ort, wo in der
Vergangenheit objektiv unser stellvertretendes Opfer darge-
bracht wurde, sondern es ist auch ein Ort, wo wir jetzt in
der Gegenwart subjektiv getötet werden – dort wird mein
Selbstvertrauen und meine Liebe zum Menschenlob hinge-
richtet. »Mir aber sei es fern, mich zu rühmen als nur des
Kreuzes unseres Herrn Jesus Christus, durch das mir die
Welt gekreuzigt ist und ich der Welt« (Galater 6,14).

Am stärksten betont Paulus diese tötende Kraft des
Kreuzes in Bezug auf sein eigenes Predigen. In der ganzen
Bibel gibt es wohl kaum einen wichtigeren Abschnitt über
das Predigen als die ersten beiden Kapitel von 1. Korinther,
wo Paulus aufzeigt, dass in Korinth Stolz das große Hindernis für die Ziele des Predigens war. Die Korinther waren
in ihre rhetorischen Fähigkeiten, intellektuelle Leistungen
und ihre philosophischen Anwandlungen verliebt. Sie posi-
tionierten sich zu ihren Lieblingslehrern und rühmten sich

der Menschen: »Ich folge Paulus!« »Ich folge Apollos!« »Ich folge Kephas!«

Paulus erklärt sein Ziel in 1. Korinther 1,29 in negativer Weise, »dass sich vor Gott kein Fleisch rühme,« und in 1,31 positiv: »Wer sich rühmt, der rühme sich des Herrn!« Anders ausgedrückt: Paulus wird uns nicht die große Freude vorenthalten, die wir am Bejubeln der Herrlichkeit und am Feiern der Größe Gottes haben sollen. Gerade für diese Freude sind wir geschaffen. Aber er will auch Gott nicht die Herrlichkeit und Ehre vorenthalten, die ihm zukommt, wenn sich Leute des Herrn rühmen und nicht anderer Menschen. Wir dürfen unser Verlangen, jemanden zu rühmen, richtig ausleben, wenn wir uns des Herrn rühmen!

Paulus' Ziele sind auch die Ziele der christlichen Predigt: Gott soll verherrlicht werden durch ein Rühmen, das auf Gott ausgerichtet ist und aus einem fröhlichen Herzen kommt. Aber dazu steht der Stolz im Weg. Und um diesen aus dem Weg zu schaffen, erklärt Paulus, wie sich das Kreuz auf seine Predigt auswirkt: Das »Wort vom Kreuz« (1,18) ist die Kraft Gottes, um den Stolz sowohl des Predigers als auch der Hörer zu brechen und uns dazu zu führen, freudig auf Gottes Gnade zu vertrauen statt auf uns selbst.

Hier nur einige wenige Beispiele dafür aus diesem Schriftabschnitt: »Denn Christus hat mich nicht ausgesandt zu taufen, sondern das Evangelium zu verkündigen: nicht in Redeweisheit, damit nicht das Kreuz Christi zunichte gemacht werde« (1. Korinther 1,17). Warum wäre das Kreuz Christi zunichte gemacht worden, wenn Paulus mit rhetorischen Höchstleistungen und philosophischer Weisheit aufgewartet hätte? Weil er damit genau diesen Menschenruhm gefördert hätte, der durch das Kreuz gerichtet werden sollte. Das meine ich mit der Aussage, das Kreuz ist die Grundlage für die Demut des Predigens.

Auch in 2,1 finden wir dasselbe: »Und ich, als ich zu euch kam, Brüder, kam nicht, um euch mit Vortrefflichkeit der Rede oder Weisheit das Geheimnis Gottes zu verkündigen.« Anders gesagt, vermied er die Großtuerei der Redekunst und des Intellekts. Warum? Was war der Grund für dieses Verhalten in der Predigt? Vers 2 sagt es uns deutlich: »Denn ich nahm mir vor, nichts anderes unter euch zu wissen, als nur Jesus Christus, und ihn als gekreuzigt.«

Paulus meinte wohl, dass er sein Denken so sehr mit der tötenden Kraft des Kreuzes erfüllte, dass alles, was er sagte und tat, alle seine Predigten, ein Aroma des Todes hätten – des Todes jeden Selbstvertrauens, des Todes allen Stolzes, des Todes allen Menschenruhms. Dann würde das Leben, das die Zuhörer sehen, das Leben Christi sein, und die Kraft, die sie sehen, die Kraft Gottes.

Warum? Warum wollte er, dass sie dies sehen und nicht ihn selbst? Vers 5 erklärt, »damit euer Glaube nicht auf Menschenweisheit, sondern auf Gottes Kraft beruhe.« Anders ausgedrückt: Damit Gott (und nicht der Prediger!) durch das Vertrauen der Leute geehrt werden soll. Das ist das Ziel des Predigens!

Daraus schließe ich, dass das Kreuz Christi nicht nur eine Grundlage für die Berechtigung des Predigens liefert – die uns ermöglicht, die gute Nachricht zu verkünden, dass ein gerechter Gott durch die freudige Unterordnung von Sündern verherrlicht wird –, sondern das Kreuz liefert auch die Grundlage für die Demut des Predigens.

Das Kreuz ist sowohl eine Stellvertretung in der Vergangenheit als auch eine Tötung in der Gegenwart. In der Predigt erhöht es die Herrlichkeit Gottes und erniedrigt den Stolz des Predigers. Es ist die Grundlage sowohl unseres Glaubens als auch unseres Verhaltens. Paulus geht so weit zu sagen, dass die Predigt null und nichtig ist, solange der

Prediger nicht gekreuzigt ist (1. Korinther 1,17). Was wir beim Predigen *sind*, ist entscheidend für das, was wir *sagen*. Deshalb werde ich in Kapitel 3 auf die befähigende Kraft des Heiligen Geistes und in Kapitel 4 auf den Ernst und die Freude des Predigens eingehen.

DREI

Die Gabe der Predigt

Die Kraft des Heiligen Geistes

Die Zentralität Gottes in der Predigt erfordert: Beim Predigen muss es unser beständiges Ziel sein, Gottes Herrlichkeit zu präsentieren und anzupreisen (Kapitel 1), und die Allgenugsamkeit des Kreuzes Jesu Christi muss unsere Predigt berechtigen und unseren Stolz demütigen (Kapitel 2). Und das souveräne Werk des Geistes Gottes muss die Kraft sein, durch die all das erlangt wird (dieses Kapitel).

Wie sehr sind wir beim Predigen vom Heiligen Geist abhängig! Alles wahre Predigen wurzelt in einem Gefühl der Verzweiflung. Du wachst Sonntagsmorgens auf und kannst auf der einen Seite den Rauch der Hölle riechen und auf der anderen Seite die frischen Brisen des Himmels spüren. Du gehst zum Schreibtisch und schaust dir dein erbärmliches Manuskript an, kniest nieder und schreist: »O Gott, das ist so schwach! Was denke ich denn, wer ich bin? Was für eine Dreistigkeit ist es doch zu denken, in drei Stunden werden meine Worte ein Geruch vom Tode zum Tode und ein Geruch vom Leben zum Leben sein (2. Korinther 2,16)! Mein Gott, wer kann jemals diesen Dingen gerecht werden?«

Phillips Brooks hat seinen jungen Predigerschülern immer geraten: »Erlaube dir nie zu denken, du seiest deiner Aufgabe gewachsen. Wenn jemals ein solcher Gedanke in dir aufkommt, dann fürchte dich.«[1] Und ein Grund zum Fürchten ist die Tatsache, dass dein himmlischer Vater dich zerbrechen und demütigen wird. Gibt es irgendeinen Grund zu denken, dass Gott dich für die Aufgabe des Predigens auf andere Weise befähigen sollte, als er Paulus dazu befähigt hat?

> Wir (wurden) übermäßig beschwert, über Vermögen, so dass wir sogar am Leben verzweifelten. Wir selbst aber hatten in uns selbst schon das Urteil des Todes erhalten, damit wir nicht auf uns selbst vertrauten, sondern auf Gott, der die Toten auferweckt (2. Korinther 1,8-9).
>
> Darum, damit ich mich nicht überhebe, wurde mir ein Dorn für das Fleisch gegeben, ... damit ich mich nicht überhebe (2. Korinther 12,7).

Die Gefahren des Selbstvertrauens und der Selbsterhebung sind im Predigtdienst so heimtückisch, dass Gott uns schlagen würde, wenn dies nötig sein sollte, um uns von unserer Selbstsicherheit und dem saloppen Einsatz professioneller Techniken zu befreien.

Deshalb predigte Paulus »in Schwachheit und mit Furcht und in vielem Zittern« (1. Korinther 2,3) – in Ehrfurcht vor der Herrlichkeit des Herrn, mit zerbrochenem Stolz, gekreuzigt mit Christus, ohne Rhetorik und intellektuelle Kunstgriffe. Und was geschah? Es kam zu einer »Erweisung des Geistes und der Kraft«! (2,4).

Ohne diese Erweisung des Geistes und der Kraft in unserer Predigt werden wir nichts erreichen, was von unvergänglichem Wert wäre – ganz gleich, wie viele unsere Argumentation bewundern, über unsere Illustrationen lachen oder aus unserer Theorie lernen mögen. Das Ziel des Predigens ist die Verherrlichung Gottes durch freudige Unterordnung. Wie kann Gott durch eine Tat verherrlicht werden, die so offenkundig menschlich ist? 1. Petrus 4,10-11 gibt die klare Antwort:

> Wie jeder eine Gnadengabe empfangen hat, so dient damit einander als gute Verwalter der verschiedenartigen Gnade Gottes! Wenn jemand redet, so rede er es als Aussprüche Gottes; wenn jemand dient, so sei es als aus der Kraft, die Gott darreicht, damit in allem Gott verherrlicht werde durch Jesus Christus, dem die Herrlichkeit ist und die Macht von Ewigkeit zu Ewigkeit! Amen.

Petrus sagt damit, dass wir beim Reden und Dienen die Aussprüche Gottes im Vertrauen auf die *Kraft* Gottes verkünden sollen, und das Ergebnis wird die *Verherrlichung* Gottes sein. Oder anders ausgedrückt: In der Predigt bekommt der die Ehre, der das Ziel bestimmt und die Kraft dazu gibt. Wenn also das Ziel der Predigt erreicht werden soll, müssen wir einfach das vom Geist Gottes inspirierte Wort in der Kraft predigen, die der Geist Gottes gibt.

Deshalb wollen wir uns nun diese beiden Aspekte des Predigens näher ansehen: die Aussprüche Gottes, die der Heilige Geist inspiriert hat, und die Kraft Gottes, die uns durch die Salbung des Geistes gegeben wird. Wenn wir nicht lernen, uns in aller Bescheidenheit und Sanftmut auf das Wort des Geistes und auf die Kraft des Geistes zu verlassen, wird in unseren Predigten nicht Gott die Ehre bekommen.

1. Vertrauen auf die Gabe des Geistes: sein Wort, die Bibel

Über den Gebrauch der Bibel beim Predigen gäbe es ungeheuer viel zu sagen! Sich in diesem Punkt auf den Heiligen Geist zu verlassen, bedeutet von Herzen zu glauben: »Alle Schrift ist von Gott eingegeben und nützlich zur Lehre, zur Überführung, zur Zurechtweisung, zur Unterweisung in der

Gerechtigkeit« (2. Timotheus 3,16). Es bedeutet zu glauben, dass »niemals ... eine Weissagung (womit – wie aus dem Zusammenhang deutlich wird – die *Schrift* gemeint ist) durch den Willen eines Menschen hervorgebracht wurde, sondern von Gott her redeten Menschen, getrieben vom Heiligen Geist« (2. Petrus 1,21). Es bedeutet ein festes Vertrauen darauf, dass die Worte der Bibel nicht »durch menschliche Weisheit«, sondern »durch den Geist« gelehrt sind (1. Korinther 2,13). Wo die Bibel als inspiriertes und unfehlbares Wort Gottes anerkannt wird, kann der Predigtdienst florieren. Aber wo die Bibel lediglich als Dokumentation nützlicher religiöser Erkenntnisse behandelt wird, stirbt die Predigt.

Aber es ist kein Automatismus, dass der Predigtdienst dort aufblüht, wo die Bibel als unfehlbar anerkannt wird. Unter den heutigen Evangelikalen gibt es andere effektive Wege, die Kraft und Autorität des biblischen Predigens zu untergraben. Es gibt pluralistische Erkenntnistheorien, die die göttliche Offenbarung zu subjektiven Meinungen verharmlosen. Es gibt sprachwissenschaftliche Theorien, die eine exegetische Atmosphäre der Doppeldeutigkeit fördern. Und es gibt diesen populären kulturellen Relativismus, der die Gelegenheit bietet, unliebsame biblische Lehren geschickt wegzudeuten.

Wo solche Dinge Wurzeln schlagen, wird die Bibel in der Gemeinde zum Schweigen gebracht und die Predigt zu einer Plauderei über aktuelle Themen und religiöse Meinungen degradiert. Das ist mit Sicherheit nicht das, was Paulus meinte, als er Timotheus schrieb: »Ich bezeuge eindringlich vor Gott und Christus Jesus, der Lebende und Tote richten wird, und bei seiner Erscheinung und seinem Reich: Predige das Wort« (2. Timotheus 4,1-2). *Das Wort* – das ist der Blickpunkt! Alle christlichen Predigten sollten Auslegungen und Anwendungen von Bibeltexten sein. Unsere Autorität als von Gott gesandte Prediger steht und fällt mit unserer offenkundigen Treue zum Bibeltext. Ich sage *offenkundig*, weil so viele Prediger behaupten, sie legten den Text aus, obwohl ihre Aussagen nicht ausdrücklich – »offenkundig« – im Bibeltext begründet sind. Sie zeigen ihren Zuhörern nicht klar und deutlich, dass ihre Aussagen auf bestimmten, lesbaren Worten der Schrift beruhen, die die Hörer selber nachlesen können.

Eines meiner größten Probleme mit jüngeren Predigern, die ich bewerten soll, ist ihnen klarzumachen, dass sie die Schriftstellen zitieren sollen, die ihre Aussagen untermauern. Anscheinend wurde ihnen beigebracht, man solle lediglich die Tendenz einer Schriftstelle erkennen und dann dreißig Minuten in eigenen Worten plaudern. Diese Art von Predigten führt dazu, dass die Zuhörer hinterher immer noch blind nach dem Wort Gottes tapsen und sich fragen, ob das, was gepredigt wurde, wirklich in der Bibel steht.

Stattdessen müssen wir in unserer alphabetisierten Gesellschaft die Leute dazu bringen, ihre Bibeln aufzuschlagen und ihre Finger auf den Text zu legen.[2] Dann müssen wir einen Textabschnitt zitieren und ihn erklären. Sag ihnen, in welcher Hälfte des Verses es steht. Die Zuhörer verlieren die ganze Stoßrichtung einer Botschaft aus dem Blick, wenn sie herumrätseln müssen, woher die Gedanken des Pastors kommen. Dann sollten wir einen weiteren Textabschnitt zitieren, und auch andere Bibelstellen dazu miteinbeziehen. Lies sie vor! Mache keine allgemeine Aussagen wie: »Wie Jesus in der Bergpredigt sagt ...« Während oder am Ende der Predigt sollten wir die Botschaft mit eindringlicher Anwendung in das Gewissen der Hörer einhämmern.

Wenn wir den Leuten etwas erzählen und es ihnen nicht aus dem Bibeltext zeigen, bevormunden wir sie nur. Das ehrt weder das Wort Gottes noch das Werk des Heiligen

Geistes. Ich kann nur dazu nötigen, sich auf den Heiligen
Geist zu verlassen und unsere Predigten randvoll mit dem
inspirierten Wort zu füllen.

Auch bei der Auslegung der Bibel sollten wir uns auf den
Heiligen Geist verlassen. Paulus sagte in 1. Korinther 2,13-
14, dass er »Geistliches durch Geistliches deutet. Ein natür-
licher Mensch aber nimmt nicht an, was des Geistes Gottes
ist, denn es ist ihm eine Torheit.« Anders ausgedrückt: Der
Heilige Geist ist nötig, um Menschen der Bibel gefügig zu
machen. Das Werk des Heiligen Geistes bei der Auslegung
besteht nicht darin, über die Schrift hinausgehende Informationen zu vermitteln, sondern uns die Disziplin für ein
richtiges Schriftstudium zu geben und die Demut zu verleihen, damit wir die erkannte Wahrheit auch annehmen, ohne sie zu verdrehen. Oft gibt der Heilige Geist durch seine
Führung auch eine händeringend gesuchte Entdeckung.

Ich kann nur dazu aufrufen, sich so auf den Heiligen
Geist in Form seines Wortes, der Bibel, zu verlassen, wie
John Wesley es tat. Er sagte: »O gib mir dieses Buch! Um
alles in der Welt bitte ich: Gib mir dieses Buch Gottes! Ich
habe es: Hier ist genug Erkenntnis für mich. Lass mich ein
Mann dieses einen Buches sein.«[3]

Die Lektüre anderer Bücher oder die Kenntnis des aktu-
ellen Weltgeschehens sind nicht unwichtig, aber die größte
Gefahr ist, das Bibelstudium zu vernachlässigen. Wenn du
deine Ausbildung abgeschlossen hast und den Gemeindedienst antrittst, gibt es keine Kurse, keine Hausaufgaben
und keine Lehrer mehr. Es gibt nur noch dich, deine Bibel
und deine Bücher. Und die allermeisten Prediger sind weit
von jenem Vorsatz entfernt, den Jonathan Edwards als junger Mann traf: »Ich habe beschlossen: die Schrift so ununterbrochen, beständig und oft zu studieren, dass ich in der
Erkenntnis derselben mich wachsend finde und erkenne.«[4]

Die Prediger, die wirklich etwas bewirkt haben, sind
beständig in der Bibelkenntnis gewachsen. Sie haben ihre
Freude am Gesetz des Herrn und sinnen über sein Gesetz
Tag und Nacht (Psalm 1,2). Spurgeon sagte einmal über
John Bunyan: »Piekse ihn wo immer du willst und du wirst
feststellen, dass in seinen Adern Bibelblut fließt und dass
die Kernbotschaften der Bibel geradezu aus ihm heraus-
strömen. Er kann nicht reden, ohne eine Schriftstelle zu
zitieren, denn seine Seele ist erfüllt mit Gottes Wort.«[5] Und
auch unsere Seelen sollten davon erfüllt sein. Das meine ich
damit, sich auf die Gabe des Wortes des Heiligen Geistes zu
verlassen.

2. Vertrauen auf die Gabe des Geistes: seine Kraft beim Predigen

Nun kommen wir schließlich zur Erfahrung der Kraft des
Geistes beim Predigen. In 1. Petrus 4,11 lesen wir: »Wenn
jemand redet, so rede er es als Aussprüche Gottes; wenn
jemand dient, so sei es als aus der Kraft, die Gott darreicht,
damit in allem Gott verherrlicht werde durch Jesus Christus, dem die Herrlichkeit ist und die Macht von Ewigkeit
zu Ewigkeit!« Der die Kraft gibt, bekommt die Ehre. Wie
können wir derart predigen? Was bedeutet es praktisch,
etwas – wie hier das Predigen – in der Kraft eines anderen
zu tun?

In 1. Korinther 15,10 sagt Paulus etwas Ähnliches: »Ich
habe viel mehr gearbeitet als sie alle; nicht aber ich, sondern
die Gnade Gottes, die mit mir ist.« Und in Römer 15,18:
»Denn ich werde nicht wagen, etwas von dem zu reden, was
Christus nicht durch mich gewirkt hat zum Gehorsam der
Nationen durch Wort und Werk.« Wie können wir so pre-

digen, dass die Predigt eine Demonstration nicht unserer, sondern Gottes Kraft ist?

Ich lerne immer noch an der Antwort auf diese Frage. Nach mehr als zwei Jahrzehnten wöchentlichen Predigens fühle ich mich oft immer noch wie ein Anfänger. Daher ist es für mich riskant zu sagen: »So und so predigt man in der Kraft des Heiligen Geistes.« Deshalb möchte ich hier einfach erklären, an welcher Stelle ich mich in der Suche nach dieser wertvollen, unentbehrlichen Erfahrung des Geistes befinde.

Ich orientiere mich an fünf Punkten, um nicht in meiner eigenen Kraft, sondern in der Kraft Gottes zu predigen. Ich fasse sie in einem Akronym zusammen, damit ich mich an sie erinnern kann, wenn ich innerlich aufgewühlt oder abgelenkt bin: EBVAD.

Man stelle sich vor, wie ich beim Gottesdienst vorn in der Bank in der Bethlehem-Baptist-Church sitze. Nur noch zwei Minuten, und ich werde aufstehen, zur Kanzel gehen und zu predigen beginnen. Vorher kommt einer der Ältesten oder Bibelschüler ans Pult und liest den Bibeltext für die heutige Botschaft vor. Wenn er zu lesen beginnt, neige ich mein Haupt vor dem Herrn für ein letztes Gebet vor dem heiligen Augenblick der Predigt. Dann gehe ich meistens noch einmal diese fünf Punkte EBVAD durch.

1.) *E – Eingestehen:* Ich gestehe vor dem Herrn ein, dass ich ohne ihn völlig hilflos bin. Ich erkenne an, dass Johannes 15,5 für mich in diesem Augenblick absolut zutrifft, wo der Herr Jesus sagt: »Getrennt von mir könnt ihr nichts tun.« Ich gebe vor ihm zu: Ohne dich würde mein Herz nicht schlagen, mein Augenlicht schwinden und mein Gedächtnis versagen. Ohne dich wäre ich von Ablenkung und Selbstvertrauen geplagt. Ohne dich würde ich dich anzweifeln. Ohne dich würde ich weder die Menschen lieben, zu denen ich reden werde, noch Ehrfurcht vor der Wahrheit haben, über die ich reden werde. Ohne dich würde das Wort auf taube Ohren stoßen. Wer außer dir kann Tote auferwecken? Ohne dich, o Gott, kann ich nichts tun.

2.) *B – Beten:* Deshalb bete ich um Hilfe. Ich bete um Einsicht, um Kraft, um Demut, um Liebe, um ein gutes Gedächtnis und um die nötige Freimütigkeit, um diese Botschaft zur Ehre Gottes, zur Freude der Seinen und zur Sammlung seiner Erwählten zu predigen. Ich nehme deine Einladung an: »Rufe mich an am Tag der Not; ich will dich erretten, und du wirst mich verherrlichen« (Psalm 50,15).

Ich sollte vielleicht erwähnen, dass ich hier nicht erst anfange, für diese Predigt zu beten. Ich habe sie unter nahezu unaufhörlichem Gebet vorbereitet, und ich stehe morgens dreieinhalb Stunden vor dem ersten Gottesdienst auf, um zwei Stunden lang mein Herz so bereit wie möglich zu machen, bevor ich in die Gemeinde gehe. Und in dieser Zeit suche ich eine Verheißung im Wort Gottes, die als Basis für den nächsten Punkt von EBVAD dient.

3.) *V – Vertrauen:* Ich vertraue nicht nur auf eine allgemeine Art und Weise auf Gottes Güte, sondern auf eine bestimmte Verheißung, auf die ich meine Hoffnung für diese Situation gründen kann. Wir müssen bedenken, dass das Wort Gottes mit seinen Verheißungen die Waffe gegen die Angriffe des Feindes ist. Vor kurzem stärkte ich mich mit Psalm 40,18: »Ich aber bin elend und arm, der Herr denkt an mich. Meine Hilfe und mein Retter bist du; mein Gott, zögere nicht!« Ich lerne den Vers frühmorgens auswendig, rufe ihn mir unmittelbar vor der Predigt glaubend ins Gedächtnis und widerstehe so dem Teufel.

4.) *A – Agieren:* So agiere ich im Vertrauen, dass Gott sein Wort erfüllen wird. Und ich kann bezeugen: Auch wenn die Fülle des ersehnten Segens bisweilen verzögert wurde, hat Gott mich und meine Zuhörer immer wieder dahin geführt, seine Herrlichkeit zu erkennen und uns ihm freudig zu unterwerfen. Das führt mich zum letzten Punkt.

5.) *D – Danken:* Ich danke Gott nach der Predigt, dass er mich getragen hat und dass die Wahrheit seines Wortes und das Werk vom Kreuz ein wenig gepredigt worden sind – in der Kraft seines Geistes und zur Ehre seines Namens.

Und ich träume, dass in zwanzig Jahren irgendein 42-jähriger Prediger auf seiner Kanzel steht und einen Dienst ausübt, der hundertmal so fruchtbar ist wie meiner und sagt: »John Piper hat das nie erfahren, aber als ich unter seiner Predigt saß, waren die Herrlichkeit Gottes und das Kreuz Christi und die Kraft des Heiligen Geistes so überwältigend, dass Gott mich dadurch in den Dienst seines Wortes berief.«

VIER

Der Ernst* und die Freude
der Predigt

Vor etwa 250 Jahren entfachten die Predigten von Jonathan Edwards eine große Erweckung in den Gemeinden. Er war ein großartiger Theologe (einige würden sogar sagen, er war der größte Theologe der Kirchengeschichte), ein großer Mann Gottes und ein hervorragender Prediger. Wir können ihn nicht einfach unkritisch kopieren, aber wir können von diesem Mann eine Menge lernen, besonders über die gewichtige Angelegenheit des Predigens!

Er fiel schon in seiner Jugend auf durch seine enorme Ernsthaftigkeit und Gründlichkeit bei allem, was er tat. Eine seiner Entscheidungen auf dem College lautete: »Ich habe beschlossen: während meines ganzen Lebens mit all meiner Kraft zu leben.«[1] Seine Predigten waren von Anfang bis Ende von einer völligen Ernsthaftigkeit geprägt. Man sucht in seinen 1200 dokumentieren Predigten vergeblich nach einem einzigen Scherz.

In einer Ordinationspredigt im Jahre 1744 sagte er:

---

*John Piper schreibt im engl. Original von der »gravity« der Predigt, wörtlich der »Gravitation«, was auch »Schwere« und eben »Ernst« und »Ernsthaftigkeit« bedeuten kann, allerdings mit der Konnotation von (Ge-)Wichtigkeit und Würde. Daher wurde der Begriff in diesem Kaitel z.T. mit »würdiger Ernst« übersetzt.

Wenn ein Prediger Licht ohne Wärme hat und seine
Zuhörer mit angelernten Diskursen unterhält, ohne jede Spur göttlicher Kraft oder einen Hauch geistlicher
Leidenschaft und Eifer für Gott und für das Wohl der
Seelen, so erfreut er vielleicht juckende Ohren und füllt
die Köpfe seiner Zuhörer mit leeren Vorstellungen; aber
das wird sehr wahrscheinlich weder ihre Herzen unter-
weisen noch ihre Seelen retten.[2]

Edwards war zutiefst überzeugt, dass die Herrlichkeiten des
Himmels und der Schrecken der Hölle real sind, und deshalb
predigte er mit höchstem Ernst. Wegen seinem Mitwirken
am »Erweckungsfieber« wurde er scharf kritisiert. Kleriker
aus Boston, wie z. B. Charles Chauncy, beschuldigten ihn
und andere, mit ihrer furchterregend ernsten Verkündigung
über das ewige Schicksal zu viele Emotionen aufzuwühlen.
Edwards antwortete 1741:

Wenn irgendein Familienoberhaupt unter euch eines seiner Kinder in einem Haus sehen würde, dessen Oberge-
schoss in Flammen steht und das Kind im Begriff steht,
dem Feuer anheim zu fallen – und es sich offenkundig
dieser Gefahr gar nicht bewusst ist und sich weigert zu
fliehen, auch nachdem du ihm zugerufen und geschrien
hast – würdest du dann weiterhin bloß kühl und gleichgültig zu ihm zu sprechen? Würdest du nicht laut schrei-
en, ihm ernsthaft zurufen und ihm die Gefahr, in der es
schwebt, ebenso klarmachen wie die Torheit, noch länger
zu zögern – und zwar in der lebhaftesten Weise, zu der
du fähig bist? Würde nicht selbst die Natur dies lehren
und dich dazu nötigen? Und wenn du weiter nur so kühl
mit ihm reden solltest, wie du es gewöhnlich in normalen
Gesprächen über belanglose Themen tust, würden dann

nicht die Menschen um dich her denken, dass du den Verstand verloren hättest? ...

Wenn [dann] wir, die wir die Sorge um die Seelen anvertraut bekommen haben, wissen, was die Hölle ist und den Zustand der Verdammten erkannt haben oder uns irgendwie sonst ihres schrecklichen Schicksals bewusst geworden sind ... und sehen, in welch großer Gefahr unsere Zuhörer unwissentlich sind ... wäre es uns moralisch unmöglich zu vermeiden, ihnen ernstlich und drastisch den Schreckens dieses Schicksal, das ihnen droht, vor Augen zu malen ... und sie warnend aufzufordern, diesem Schicksal zu entfliehen – und sie sogar lautstark anzuschreien.[3]

Aus den Zeugnissen seiner Zeitgenossen wissen wir, dass die Predigten von Edwards eine äußerst kraftvolle Wirkung auf die Zuhörer in seiner Versammlung in Northampton hatten. Warum? Der Grund dafür lag nicht etwa darin, dass er etwas von dem dramatischen Redner George Whitefield hatte. In den Tagen der Erweckung formulierte er seine Predigten immer noch vollständig schriftlich aus und las sie weitgehend ohne Gesten vor.

Woher bekam er dann seine Kraft? Sereno Dwight, der Edwards' Memoiren zusammenstellte, schrieb:

Eine der positiven Ursachen für seinen ... großen Erfolg als Prediger war die tiefe und durchdringende Ernsthaftigkeit seines Geistes. Stets war er vom Bewusstsein der erhabenen Gegenwart Gottes ergriffen. Das konnte man in seinen Blicken und an seinem Auftreten erkennen. Dieser Ernst hatte offensichtlich einen entscheidenden Einfluss auf alle seine Vorbereitungen für den Kanzeldienst und zeigte sich am stärksten in seinen öffentlichen

Predigten. Seine Wirkung auf die Zuhörer war unmittelbar und unwiderstehlich.[4]

Dwight fragte jemanden, der Edwards persönlich gehört hatte, ob er ein eloquenter Prediger gewesen sei. Der Mann sagte:

> Er hatte weder gelernt, seine Stimmlage zu ändern, noch bestimmte Dinge stark zu betonen. Er gestikulierte kaum und bewegte sich fast gar nicht. Er versuchte sich nicht an einem eleganteren Stil oder an schönen Illustrationen, und legte keinen Wert darauf, den Geschmack der Leute zu befriedigen oder ihre Fantasie zu fesseln. Aber wenn Sie unter Eloquenz das Vermögen verstehen, den Zuhörern eine wichtige Wahrheit vorzustellen und mit einem überragenden Gewicht auf der Argumentation und zugleich solch starken Gefühlen, dass der Redner mit seiner ganzen Seele in jedem Detail seines Gedankengangs und seiner Präsentation völlig aufgeht und dass die Zuhörer vom Anfang bis zum Ende vor Aufmerksamkeit gefesselt sind, und unauslöschliche Eindrücke hinterlassen werden, dann war Edwards der eloquenteste Mann, den ich je gehört habe.[5]

Die Intensität der Emotion, das Gewicht der Argumentation, eine tiefe und durchdringende Ernsthaftigkeit des Verstands, ein Geschmack für die Kraft der Gottseligkeit, ein brennender Geist und Eifer für Gott – das sind die Kennzeichen des »Ernstes des Predigers.« Wenn es etwas gibt, was wir von Edwards lernen können, dann dies: Wir müssen unsere Berufung ernstnehmen und dürfen das Wort Gottes und dessen Verkündigung nicht auf die leichte Schulter nehmen.

In Schottland bekehrte sich hundert Jahre nach Edwards ein heuchlerischer Pfarrer namens Thomas Chalmers in seiner kleinen Kirchengemeinde von Kilmany. Durch seine Pfarrstelle in Glasgow und seine Vorträge an den Universitäten von St. Andrews und Edinburgh wurde er zu einer mächtigen Instanz in Sachen Evangelisation und Weltmission. Sein Ruhm und seine Kraft auf der Kanzel waren schon zu seinen Lebzeiten legendär.

Aber warum? James Stewart beschreibt seinen Predigtstil: »Er predigte mit einem beunruhigend provinziellen Akzent; an dramatischer Gestik fehlte es so gut wie vollständig; er hielt sich streng an sein Manuskript, folgte mit seinen Fingern den Zeilen und las den Text einfach vor.«[6] Andrew Blackwood erwähnt Chalmers' »Gebundenheit ans Manuskript und seinen Gebrauch langer Sätze.«[7] Was war denn dann sein Geheimnis? James Alexander, der damals in Princeton unterrichtete, fragte John Mason nach dessen Rückkehr aus Schottland, warum Chalmers eine so große Wirkung hatte, und Mason antwortete: »Es ist sein tödlicher Ernst.«[8]

Ich möchte das so überzeugend verdeutlichen wie Worte es irgend ausdrücken können: Der Dienst des Predigens muss in »tödlichem Ernst« geschehen. Wir laufen heute nicht Gefahr, Edwards, Chalmers und ihre puritanischen Väter mechanisch nachzuahmen. Wir sind so weit von ihrem Predigtkonzept abgefallen, dass wir es nicht nachahmen könnten, selbst wenn wir wollten. Ich sage »abgefallen«, denn – ob nun ein Manuskript vorgelesen wird oder nicht, ob eine Predigt zwei Stunden dauert oder nicht, ob die Sätze lang und die Anekdoten rar sind oder nicht – es steht fest, dass sich diese Prediger durch ihre Ernsthaftigkeit auszeichneten – eine Ernsthaftigkeit, die wirklich »schwerwiegender Ernst« genannt werden kann. Davon sind wir heute so

weit abgefallen, dass wir schwerlich positive Begriffe finden
können, um die Atmosphäre dieses altehrwürdigen Predigens zu beschreiben. Die wenigsten Menschen heute kennen
Predigten, die zu einer tiefen, ernsthaften, ehrfurchtsvol-
len und wirksamen Begegnungen mit Gott führen. Wenn
sie daher gefragt würden, was sie sich darunter vorstellen,
würden sie wohl an einen Prediger denken, der mürrisch,
langweilig, trübselig oder trübsinnig oder verdrießlich oder
unfreundlich ist.

Wenn wir uns bemühen, in einem Gottesdienst die Leute
in eine heilige Stille zu führen, können wir sicher sein, dass
jemand sagen wird, die Atmosphäre sei unfreundlich oder
kühl. Viele können sich nichts anderes vorstellen, als dass die
Abwesenheit von Geschwätz gleichbedeutend ist mit Starre,
Verlegenheit und Unfreundlichkeit. Da sie die tiefgründige
Freude von bedeutungsvoller Ernsthaftigkeit so gut wie gar
nicht aus Erfahrung kennen, erstreben sie ihre Freude auf die
einzige Art und Weise, die sie kennen – indem sie unbeküm-
mert, flippig und pausenlos am Plappern sind.

Die Prediger haben diese verengte Sicht von Freude und
Freundlichkeit übernommen und kultivieren sie landauf,
landab mit ihrem Gebaren auf der Kanzel und verbaler
Lässigkeit, was den tödlichen Ernst von Chalmers und die
durchdringende Ehrfurcht von Edwards' Geisteshaltung
undenkbar macht. Das Ergebnis ist eine Predigtatmosphäre
und ein Predigtstil, überfrachtet mit Trivialität, Leichtigkeit, Unbekümmertheit und Frivolität und mit der allgemeinen Einstellung, dass am Sonntagmorgen nichts von ewiger
und unendlicher Bedeutung getan oder gesagt wird.

Wenn ich meine These in einem einzigen Satz formulie-
ren müsste, würde ich sagen: *Freude und Ernst sollten im
Leben und Reden eines Predigers in solcher Weise verwoben
sein, dass sowohl sorglose Seelen zur Vernunft gebracht als*

auch die Lasten der Heiligen gelindert werden. Ich sage »gelindert«, weil dabei ein wenig von der Wehmut der Freude mitschwingt, an die ich hier denke, und weil diese Wortwahl den Gegensatz verdeutlicht zu den gekünstelten und harmlosen Versuchen, mit denen man eine unbekümmerte Leichtigkeit in den Gemeinden herbeiführen will.

Man könnte auch sagen: Menschenliebe geht mit kostbaren Wahrheiten nicht leichtfertig um (daher der Aufruf zu ernsthaftem Predigen), und sie legt nicht die Last des Gehorsams auf, ohne die Kraft der Freude zu vermitteln, die hilft, sie zu tragen (daher der Aufruf zu freudigem Predigen).

Ich möchte kurz darüber nachdenken, dass die nötige Freude in der Predigt eine Liebestat ist. Wenn ein Prediger seine Herde wirklich liebt, muss er emsig danach streben, Freude am Predigtdienst zu haben. Wenn ich das sage, erstaunt das die Leute immer wieder. Ihnen ist beständig beigebracht worden, um ein liebender Mensch zu sein, müsse man das Streben nach eigener Freude aufgeben. Es sei in Ordnung, Freude als unerwartetes und ungewolltes Beiwerk der Liebe zu empfangen (als sei das psychologisch möglich), aber es sei nicht in Ordnung, die eigene Freude zu erstreben.

Ich behaupte das Gegenteil: Wenn uns unsere Freude am Dienst egal ist, dann ist uns ein unverzichtbarer Bestandteil der Liebe egal. Und wenn wir versuchen, unsere Freude am Wortdienst aufzugeben, dann kämpfen wir gegen Gott und unsere eigenen Gemeindeglieder. Lesen wir Hebräer 13,17:

> Gehorcht und fügt euch euren Führern! Denn sie wachen über eure Seelen, als solche, die Rechenschaft geben werden, damit sie dies mit Freuden (*meta charas*) tun und nicht mit Seufzen (*stenazontes*); denn dies wäre nicht nützlich für euch (*alysiteles gar hymin touto*).

Einem Prediger, der diese Schriftstelle liest und der seine Gemeinde liebt, kann seine Freude nicht egal sein. Der Vers besagt, dass von einem freudlosen Dienst niemand profitiert. Aber die Liebe strebt danach, dass unsere Gemeinde aus unserem Dienst profitiert. Deshalb kann man es aus Liebe nicht vernachlässigen, die eigene Freude am Wortdienst zu pflegen. Petrus drückt das in Befehlsform aus: »Hütet die Herde Gottes, die bei euch ist, nicht aus Zwang, sondern freiwillig, Gott gemäß, auch nicht aus schändlicher Gewinnsucht, sondern bereitwillig« (1. Petrus 5,2). »Freiwillig« und »bereitwillig« sind einfach andere Begriffe für »freudig«.

Ein Grund dafür, dass zur Liebe auch die Freude an unserem Predigtdienst gehört, ist die Tatsache, dass man nicht ständig etwas vermitteln kann, was man selbst nicht hat. Wenn wir keine Freude vermitteln, dann vermitteln wir nicht das Evangelium, sondern Gesetzlichkeit. Ein Prediger, der seinen Dienst emsig, aber freudlos ausübt, vermittelt seiner Gemeinde genau das, und die Bezeichnung dafür ist Heuchlerei und knechtende Gesetzlichkeit. Das ist nicht die Freiheit derer, deren Joch sanft und deren Last leicht ist.

Außerdem: Ein Pastor, dem offensichtlich Freude an Gott fehlt, ehrt Gott nicht. Er kann keinen Eindruck von Gottes Herrlichkeit vermitteln, wenn es ihm keine Freude macht, diesen Gott zu kennen und ihm zu dienen. Ein gelangweilter und wenig begeisterter Alpenführer untergräbt und entehrt die Erhabenheit der Bergwelt.

Deshalb hatte Phillips Brooks Recht, als er vor hundert Jahren sagte:

> Für den Erfolg des Predigers ist es unverzichtbar, dass er tiefe Freude an seiner Arbeit hat ... Ihre höchste Freude liegt in ihrem großen Ziel: die Verherrlichung des Herrn

und die Rettung von Menschenseelen. Keine andere Freude auf Erden ist mit dieser vergleichbar ... Wenn wir das Leben der fruchtbarsten Prediger der Geschichte untersuchen oder wenn wir den kraftvollsten Predigern von heute begegnen, dann spüren wir, welch unbeirrbare und tiefe Freude sie an ihrem Dienst haben.[9]

Die Freude am Predigen ist biblisch elementar, wenn wir Menschen lieben und Gott verherrlichen wollen – und das sind die beiden großen Ziele des Predigens!

Aber welch ein Unterschied besteht zwischen der Freude von Edwards und dem Grinsen und Witzeln so vieler Prediger! Und zumindest zum Teil liegt das daran, dass ihr Spaß an der Sache nicht mit einem heiligen Ernst verwoben ist. Edwards sagte:

Alle liebevollen Gemütsregungen (engl. *gracious affections*), die ein lieblicher Duft für Christus sind und die Seele eines Christen mit himmlischem Aroma und Wohlgeruch füllt, sind Gemütsregungen aus einem zerbrochenen Herzen ... Das Begehren der Heiligen ist – so ernst es sein mag – ein demütiges Begehren, ihre Hoffnung ist eine demütige Hoffnung, ihre Freude – selbst wenn sie unaussprechlich und voller Herrlichkeit ist, ist eine demütige Freude aus einem zerbrochenen Herzen ...[10]

Über all dem Gewicht unserer Sündigkeit, der Größe von Gottes Heiligkeit und der Tragweite unserer Berufung gibt es etwas, das unserer Freude am Predigen einen Wohlgeruch von demütigem Ernst verleihen sollte.

Warum? Wozu dieser Nachdruck auf Ernsthaftigkeit, insbesondere wenn Freude so wichtig ist? Ich will den Grund nennen und dann mit einigen Vorschlägen schließen,

wie man diese Mischung von Freude und Ernst kultivieren
kann.

Der Ernst der Predigt ist angebracht, weil die Predigt das
von Gott verordnete Mittel ist, um Sünder zu überführen,
die Gemeinde zu erwecken und die Gläubigen zu bewahren.
Wenn die Predigt ihre Aufgabe verfehlt, sind die Auswirkungen enorm und schrecklich. »Denn weil in der Weisheit
Gottes die Welt durch die Weisheit Gott nicht erkannte,
hat es Gott wohlgefallen, durch die Torheit der Predigt die
Glaubenden zu erretten« (1. Korinther 1,21).

Durch die Predigt rettet Gott Menschen vor dem ewigen
Verderben. Als Paulus in 2. Korinther 2,15-16 darüber nach-
denkt, spürt er das überwältigende Gewicht seiner Verantwortung: »Denn wir sind ein Wohlgeruch Christi für Gott
unter denen, die errettet werden, und unter denen, die verloren gehen; den einen ein Geruch vom Tod zum Tode, den
anderen aber ein Geruch vom Leben zum Leben. Und wer
ist dazu tüchtig?«

Es ist einfach phantastisch, darüber nachzudenken: Wenn
ich predige, steht das ewige Schicksal von Sündern auf dem
Spiel! Wenn uns diese Tatsache nicht ernst und betroffen
macht, werden die Leute unbewusst daraus schließen, dass
Himmel und Hölle nicht ernst zu nehmen seien. Ich kann
nicht anders, als zu befürchten, dass genau das heute durch
die saloppe Gerissenheit auf so vielen Kanzeln vermittelt
wird. James Denney sagte: »Niemand kann gleichzeitig
den Eindruck vermitteln, er sei witzig und Christus habe
die Macht zu retten.«[11] John Henry Jowett sagte: »Das In-
nerste einer Menschenseele erreichen wir niemals durch das
Kalkül des Entertainers oder Kaspers.«[12] Und doch glauben
viele Prediger, es sei das Gebot der Stunde, etwas Pfiffiges
oder Saloppes oder Witziges zu sagen.

Man hat anscheinend tatsächlich Angst davor, dem *bluti-*

gen Ernst von Chalmers zu nahe zu kommen. Ich habe schon erlebt, wie sich eine befremdende Stille in einer Gemeinde ausbreitete und der Prediger dann – scheinbar absichtlich – diese Stille schnell mit einer lockeren, witzigen Bemerkung oder mit einem Wortspiel oder einer Witzelei vertrieb.

Buße wurde anscheinend durch Gelächter als Ziel der Predigt ersetzt. Lachen bedeutet, dass die Leute sich wohl-fühlen. Es bedeutet, dass sie dich mögen. Es bedeutet, dass du sie bewegt hast. Es bedeutet, dass du eine gewisse Macht hast. Es scheint alle Kennzeichen einer erfolgreichen Kom-munikation zu haben – wenn die Tragweite der Sünde und die Heiligkeit Gottes und die Gefahr der Hölle und die Not-wendigkeit des Zerbruchs außer Acht gelassen werden.

Ich war erstaunt, als ich auf Konferenzen erlebte, wie Prediger von der Notwendigkeit einer Erweckung spra-chen und anschließend eine Atmosphäre erzeugten, in der niemals eine Erweckung aufkommen könnte. Vor einigen Jahren las ich das Buch *Lectures on Revivals* (»Vorträge über Erweckungen«) von William Sprague und die Memoiren von Asahel Nettleton, einem fruchtbaren Evangelisten der Zweiten Großen Erweckung und Zeitgenossen von Charles Finney (Anfang des 19. Jahrhunderts). Bei dieser Lektüre lernte ich, dass ein tiefgründiges und nachhaltiges geist-liches Erwachen mit einer vom Heiligen Geist gegebenen Ernsthaftigkeit im Volk Gottes einhergeht. Hier einige Zei-len aus den Memoiren Nettletons:

Herbst 1812, South Salem, Connecticut: »Sein Predigen bewirkte einen sofortigen heiligen Ernst im Denken der Menschen ... Die Ernsthaftigkeit breitete sich schon bald über den ganzen Ort aus und das Thema Religion wurde das fesselndste Gesprächsthema.« Frühling 1813, North Lyme: »Als er mit seinen Diensten begann, gab es kei-

ne besondere Ernsthaftigkeit. Aber schon bald erfüllte
ein tiefer würdevoller Ernst die Versammlung.« August
1814, East Granby: »Seine Ankunft am Ort hatte eine
elektrisierende Wirkung. Das Schulhaus ... füllte sich
mit vor Ehrfurcht zitternden Anbetern. Eine Erhabenheit
und Ernsthaftigkeit prägte die ganze Gemeinschaft.«[13]

In seinem Kapitel, wie Erweckung erwirkt und gefördert
wird, nennt Sprague als erstes die *Ernsthaftigkeit*:

> Ich frage einen jeden von euch, der eine Erweckung
> erlebt hat, ob diese Situation nicht von einem tiefen,
> würdigen Ernst geprägt war ... Und wenn ihr in einem
> solchen Augenblick gewünscht habt, fröhlich zu sein,
> habt ihr dann nicht gespürt, dass dies nicht der richtige
> Ort dafür war? ... Es wäre mehr als absurd zu erwägen,
> ein solches Werk durch Mittel voranzutreiben, die nicht
> von tiefster Ernsthaftigkeit gekennzeichnet sind, oder
> irgendetwas einzuführen, das darauf ausgelegt ist, unbe-
> schwertere Gefühlsregungen zu wecken und sich ihnen
> hinzugeben, wenn doch all solche Regungen aus den
> Gedanken verbannt werden sollten. Alle lächerlichen
> Anekdoten, Possen, Gesten und Haltungen sind niemals
> mehr fehl am Platze als dann, wenn der Heilige Geist
> die Herzen einer Versammlung anrührt. Alles derartige
> kann ihn betrüben und auslöschen; denn es widerspricht
> geradewegs dem Auftrag, den zu tun er gekommen ist:
> Sünder von ihrer Schuld zu überführen und sie zur Buße
> zu erneuern.[14]

Obwohl diese historische Tatsache schon von der Natur der
Sache her ganz offensichtlich ist, müssen anscheinend sogar
jene Prediger, die einerseits über fehlende Erweckungen kla-

gen, andererseits in lockeres Gehabe verfallen, sobald sie vor einer Gruppe von Menschen stehen. Manchmal scheint es, als sei diese Lockerheit der größte Feind jedes wahren geistlichen Werkes in den Zuhörern.

Charles Spurgeon hatte einen tiefen und gesunden Sinn für Humor. Er konnte ihn sehr wirksam einsetzen. Manche Leser seiner Predigten finden ihn einfach lustig. Doch Robertson Nicoll schrieb drei Jahre nach dem Tod Spurgeons über ihn:

> Evangelisation auf humorvolle Art kann zwar Menschenmassen anziehen, legt aber die Seele in Schutt und Asche und erstickt jeden Keim geistlichen Lebens. Spurgeon wird von denen, die seine Predigten nicht kennen, für einen humorvollen Prediger gehalten. Tatsache ist jedoch, dass es keinen Prediger gegeben hat, dessen Tonfall so konstant ernst, würdevoll und ehrfürchtig war.[15]

Spurgeon ist ein besonders hilfreiches Beispiel, weil er so fest überzeugt war, dass Humor und Lachen ihren angemessenen Platz haben. Seinen Studenten sagte er einmal:

> Wir – und einige von uns besonders – müssen unsere Neigung zur Lässigkeit überwinden. Es gibt einen großen Unterschied zwischen einer heiligen Fröhlichkeit, die eine Tugend ist, und dieser allgemeinen Lässigkeit, die ein Laster ist. Es gibt eine Lässigkeit, die nicht beherzt genug zum Lachen ist, aber alles verulken muss. Sie ist oberflächlich, hohl, unecht. Ein Lachen von Herzen ist nicht mehr Lässigkeit als ein Weinen von Herzen.[16]

Und gewiss ist es ein Zeichen unserer Zeit, dass wir Prediger viel größere Experten für Humor als für Tränen sind. Paulus schrieb in Philipper 3,18-19 über Sünder: »Denn viele wandeln, von denen ich euch oft gesagt habe, nun aber auch mit Weinen sage, dass sie die Feinde des Kreuzes Christi sind, deren Ende Verderben, deren Gott der Bauch und deren Ehre in ihrer Schande ist, die auf das Irdische sinnen.« Ohne solches Weinen wird es weder jemals die Erweckung geben, die wir brauchen, noch tiefe und nachhaltige geistliche Erneuerung.

Würde nicht eine mächtige Gesinnung der Liebe und Überzeugung auf eine Gemeinde kommen, wenn der Prediger in allem Ernst und aller heiligen Würde seine Osterpredigt nicht mit einem Witz oder einer Anekdote beginnt, sondern mit Worten wie denen von John Donne:

Welches Meer könnte die Tränen fassen, die ich vergießen müsste, wenn ich dächte, dass ich von dieser ganzen Versammlung, die mir jetzt ins Angesicht sieht, nicht einem Einzigen in der Auferstehung begegnen würde![17]

Heiliger Ernst und Würde beim Predigen sind nicht nur deshalb angebracht, weil (wie wir bereits gesehen haben) die Predigt Gottes Werkzeug im heiligen Unterfangen der Seelenrettung und Gemeindeerweckung ist, sondern weil Gott sie auch als Werkzeug für die Bewahrung der Heiligen verordnet hat. Paulus schreibt in 2. Timotheus 2,10: »Deswegen erdulde ich alles um der Auserwählten willen, damit auch sie die Rettung, die in Christus Jesus ist, mit ewiger Herrlichkeit erlangen.« Anders ausgedrückt: Dienst an den Auserwählten ist kein Zuckerguss auf dem Kuchen ihrer ewigen Heilssicherheit. Dieser Dienst ist das von Gott bestimmte Mittel, um sie beharrlich zu bewahren. Ewige Heilssicherheit ist ein Gemeinschaftsprojekt (Hebräer 3,12-13), und die Predigt gehört zu Gottes rettender und bewahrender Kraft. Er *beruft* wirksam durch sein Wort und er *bewahrt* wirksam durch sein Wort (engl. *effectutal calling* und *effectual keeping*).

Es gibt ein mechanisches Verständnis von ewiger Heilssicherheit, das jeglichen blutigen Ernst aus der allwöchentlichen Predigt heraussaugt. Doch von der Bibel her gesehen hängt das Beharren der Gläubigen von der ernsten Anwendung des von Gott dazu verordneten Mittels ab: von der Predigt des Wortes Gottes. Jeden Sonntag Morgen geht es um Himmel und Hölle – und das nicht nur, weil Ungläubige anwesend sein könnten, sondern auch, weil Christen gerettet werden, »*sofern* sie im Glauben fest bleiben« (Kolosser 1,23). Und der Glaube kommt – und bleibt – durch das Hören des Wortes Gottes im Evangelium (Römer 10,17).

Sicherlich sollte jeder Prediger mit allem heiligen Ernst mit 2. Korinther 2,16 sagen: »Wer ist dazu tüchtig?« – um Sünder zu retten, die Gemeinde zu erwecken und die Heiligen zu bewahren! Deshalb wiederhole ich meine These: *Freude und Ernst sollten im Leben und Reden eines Predigers in solcher Weise verwoben sein, dass sowohl sorglose Seelen zur Vernunft gebracht als auch die Lasten der Heiligen gelindert werden.* Liebe zu Menschen kann schreckliche Realitäten nicht auf die leichte Schulter nehmen (daher: heiliger Ernst!), und Liebe zu Menschen kann ihnen auch nicht die Last freudlosen Gehorsams aufbürden (daher: Freude!).

Ich schließe mit sieben Ratschlägen, wie man Ernst und Freude im Predigtdienst entwickeln kann.

1.) *Erstreben Sie eine praktische, ernsthafte und fröhliche Heiligkeit in jedem Bereich Ihres Lebens.* Wie bereits erwähnt, sagte der Prediger Robert Murray M'Cheyne, dass seine Zuhörer seine persönliche Heiligkeit mehr als alles andere brauchen. Ein Grund dafür ist die Tatsache, dass Sie auf der Kanzel nicht etwas anderes sein können als unter der

Woche – zumindest nicht langfristig. Sie können nicht auf
der Kanzel bluternst sein und sich beim Mitarbeitertreffen
oder Gemeindenachmittag durchweg flippig geben. Sie können auch nicht Gottes Herrlichkeit mit einer begeisterten
Predigt zum Ausdruck bringen, wenn Sie unter der Woche
mürrisch, griesgrämig und unfreundlich sind. Erstreben Sie
nicht, ein bestimmter Typ von Prediger zu sein. Erstreben
Sie, ein Typ von Mensch zu sein!

2.) *Machen Sie aus Ihrem Leben – vor allem aus Ihrem
Bibelstudienleben – ein Leben der beständigen Gemeinschaft mit Gott im Gebet.* Der Wohlgeruch Gottes umgibt
niemanden, der sich nicht in Gottes Gegenwart aufhält.
Richard Cecil sagte: »Das größte Defizit bei Dienern Gottes
ist das mangelnde Andachtsleben.«[18] Wir sind zum Dienst
des Wortes und *des Gebetes* berufen (Apostelgeschichte
6,4), denn ohne Gebet ist der Gott unseres Studiums ein
harmloser und uninspirierender Gott fader akademischer
Ablenkungsmanöver.

Fruchtbares Studium und leidenschaftliches Gebet stehen und fallen zusammen. B. B. Warfield musste einmal jemanden behaupten hören, zehn Minuten auf seinen Knien
würden ihm mehr und tiefere Erkenntnis Gottes geben,
als zehn Stunden über seinen Büchern. Seine Antwort traf
den Nagel auf dem Kopf: »Was?! Mehr als zehn Stunden
auf meinen Knien über meinen Büchern?«[19] Und dasselbe
sollte auch für unsere Predigtvorbereitung gelten. Cotton
Mathers Regel war, beim Schreiben seiner Predigt am Ende
eines jeden Absatzes innezuhalten, um zu beten, sich selbst
zu prüfen und zu versuchen, eine heiligende Wirkung des
Themas auf seinem Herz zu sehen.[20] Ohne diese Gesinnung des beständigen Gebets können wir nicht den Ernst
und die Freude haben, die vor dem Gnadenthron zu finden
sind.

3.) *Lesen Sie Bücher* von Autoren, aus denen die Bibel förmlich herausblutet, wenn man sie anstechen würde, und denen die verkündete Wahrheit bluternst ist. Ich erlebte es als wirklich lebensverändernden Rat, als ein weiser Seminarprofessor uns riet, uns *einen* großen evangelikalen Theologen auszusuchen und sich in sein Leben und seine Schriften zu vertiefen. Ich kann es gar nicht hoch genug bewerten, wie es sich auf mich auswirkte, dass ich mich seit jener Zeit am Seminar kontinuierlich mit Jonathan Edwards beschäftigt habe. Und durch ihn bin ich auf die ernsthaftesten Männer Gottes der Geschichte aufmerksam geworden: Calvin, Luther, Bunyan, Burroughs, Bridges, Flavel, Owen, Charnock, Gurnall, Watson, Sibbes und Ryle! Finden Sie die Bücher, die bluternst von Gott handeln und Sie werden entdecken, dass diese den Weg zur Freude besser kennen, als viele unserer heutigen geistlichen Leiter.

4.) *Denken Sie oft über den Tod nach.* Das ist absolut unvermeidbar, solange der Herr seine Wiederkunft noch verzieht, und von großer Tragweite. Es wäre unglaublich naiv, nicht an die Bedeutung des Todes für das Leben und Predigen zu denken. Edwards war so, wie er war – tiefgründig und vollmächtig (und gesegnet mit elf gläubigen Kindern!) –, weil er als junger Mann Entscheidungen wie diese traf:

9. *Ich habe beschlossen*: bei jeder Gelegenheit viel über das Sterben und dessen übliche Begleitumstände nachzudenken.

55. *Ich habe beschlossen*: mit größtem Eifer danach zu streben, so zu handeln, wie ich denke, dass ich handeln sollte, als ob ich die Freuden des Himmels und die Qualen der Hölle bereits gesehen hätte.[21]

Jede Beerdigungspredigt ist für mich eine zutiefst ernüchternde Erfahrung. Bei der Vorbereitung sitze ich an meinem Text und stelle mir vor, ich oder meine Frau oder meine Söhne würden in diesem Sarg liegen. Tod und Krankheit blasen auf erstaunliche Weise den Dunst der Trivialität aus dem Leben fort und ersetzen ihn durch die Weisheit des heiligen Ernstes und durch die Freude der Auferstehungshoffnung.

5.) *Bedenken Sie die biblische Lehre, dass Sie als Prediger strenger gerichtet werden.* »Werdet nicht viele Lehrer, meine Brüder, da ihr wisst, dass wir ein schwereres Urteil empfangen werden« (Jakobus 3,1). Der Schreiber des Hebräerbriefs schreibt über die Hirten: »Sie wachen über eure Seelen, als solche, die Rechenschaft geben werden« (13,17). Und Paulus drückt es in Apostelgeschichte 20 am bedrohlichsten aus, als er zu den Ältesten von Ephesus sagte: »Deshalb bezeuge ich euch am heutigen Tag, dass ich rein bin vom Blut aller; denn ich habe nicht zurückgehalten, euch den ganzen Ratschluss Gottes zu verkündigen« (Apostelgeschichte 20,26-27). Es ist offensichtlich: Wenn wir Gottes Ratschluss nicht vollständig und treu lehren, wird womöglich das Blut unserer Gemeindeglieder an unseren Händen kleben. Wenn wir diese Dinge so bedenken, wie wir sollten, wird der Ernst der Verantwortung und die Freude des erfolgreichen Ergebnisses alles prägen, was wir tun.

6.) *Betrachten Sie das Vorbild Jesu.* Er war so freundlich und liebevoll und sanftmütig, wie ein Gerechter nur sein kann. Er war nicht missmutig. Sie behaupteten, Johannes der Täufer habe einen Dämon, aber Jesus sei ein Fresser und Weinsäufer, ein Freund der Zöllner und Sünder (Matthäus 11,18-19). Er war kein notorischer Spielverderber, sondern ein Mann der Schmerzen und mit Leiden vertraut (Jesaja 53,3). Er hielt nie eine lässige Predigt und kein einziges leichtfertiges Wort von ihm ist dokumentiert. Soweit

wir wissen, machte er nie einen Witz, und all sein Humor
war nichts als eine Scheide für sein bluternstes Schwert der
Wahrheit. Jesus ist das große Vorbild für Prediger. Die Massen hörten ihm freudig zu, Kinder waren in seinen Armen,
die Frauen fanden Beachtung. Doch keiner sprach in der Bibel öfter oder drastischer über die Hölle als er.

7.) *Und zuletzt: Streben Sie mit all Ihrer Kraft danach,
Gott zu erkennen und sich unter seine mächtige Hand zu
demütigen (1. Petrus 5,6).* Geben Sie sich nicht damit zufrieden, Menschen durch die Täler seiner Herrlichkeit zu führen. Werden Sie ein Bergsteiger auf den Gipfeln der Majestät
Gottes. Und lassen Sie sich von der Wahrheit überwältigen,
sodass Sie die Höhen Gottes niemals ausschöpfen werden.
Jedes Mal, wenn Sie einen Grat der Erkenntnis erklimmen,
eröffnen sich dort vor Ihnen Tausende Kilometer gewaltiger
Schönheit des Charakters Gottes, die erst am Horizont in
den Wolken den Blicken entschwindet. Machen Sie sich zum
Erklimmen bereit und bedenken Sie, dass ewige Zeitalter
des Entdeckens des unendlichen Wesens Gottes nicht ausreichen werden, um Ihre Freude an der Herrlichkeit Gottes
zu schwächen oder den heiligen Ernst seiner Gegenwart zu
dämpfen.

Teil 2

Wie man in der Predigt Gottes überragende Herrlichkeit vermittelt

Leitlinien aus dem Wirken von Jonathan Edwards

Als ich auf dem theologischen Seminar war, riet mir ein weiser Professor, ich sollte mir zusätzlich zur Bibellektüre einen großen Theologen aussuchen und mich der Aufgabe verschreiben, sein Leben und Denken zu verstehen. Ich sollte wenigstens einen Spaten tief in die Realität eindringen, anstatt immer nur auf der Oberfläche zu kratzen. So wäre ich mit der Zeit in der Lage, mich mit diesem Theologen wie mit einem Gleichrangigem zu »unterhalten«, und würde zumindest *ein* System kennen, mit dem ich andere Vorstellungen vergleichen und in einen fruchtbaren Dialog bringen könnte. Das war ein guter Rat.

Der Theologe, dem ich mich gewidmet habe, ist Jonathan Edwards. Ich verdanke ihm mehr, als ich je erklären könnte. Als jede andere Tür für mich geschlossen schien, hat er meine Seele mit der Schönheit Gottes und mit Heiligkeit und dem Himmel gesättigt. In sehr schweren Zeiten hat er meine Hoffnung und meine Perspektive für den Dienst erneuert. Als mein Blick von den Vorhängen des Säkularismus versperrt war, hat er mir immer wieder das Fenster zur Welt des Geistes geöffnet. Er hat mir gezeigt, dass scharfsinnige Theologie und eine liebevolle Zuneigung zu Gott durchaus vermischbar sind. Er verkörpert die Wahrheit, dass Theologie um des Lobpreises Gottes willen existiert. Er konnte ganze Vormittage unablässig betend in den Wäldern von Northampton spazieren gehen. Er hatte eine Leidenschaft für die Wahrheit und eine Leidenschaft für verlorene Sünder. Und all das blühte in seinem Dienst als Prediger auf. Vor allem aber war Edwards ein Prediger mit einer Leidenschaft für Gott. Und deshalb ist er so bedeutsam für ein Buch, in dem es um die Erhabenheit Gottes in der Predigt geht.

Jonathan Edwards predigte so besonders, weil er ein besonderer Mensch war und weil er einen besonderen Blick auf Gott hatte. Die folgenden Kapitel werden sich mit Edwards' Leben, seiner Theologie und seinem Predigtstil beschäftigen.

Gott im Zentrum

Das Leben von Edwards

Jonathan Edwards wurde 1703 in Windsor, Connecticut, geboren.[1] Sein Vater war der Pfarrer des Ortes und brachte seinem einzigen Sohn mit sechs Jahren Latein bei. Mit zwölf Jahren wurde der kleine Jonathan zum Studium nach Yale geschickt. Fünf Jahre später absolvierte er mit höchsten Ehren und hielt seine Abschiedsrede in Latein.

Zwei weitere Jahre studierte er in Yale für den Predigtdienst und übernahm dann für kurze Zeit eine Pfarrstelle in einer presbyterianischen Gemeinde in New York. Von 1723 an unterrichtete Edwards drei Jahre lang in Yale. Dann wurde er an die Kongregationalistische Gemeinde von Northampton in Massachusetts berufen. Dort hatte Edwards' Großvater Solomon Stoddard über fünfzig Jahre lang als Prediger gedient. Er wählte Edwards als seinen Lehrling und Nachfolger aus. Diese Partnerschaft begann im Februar 1727. Stoddard starb 1729. Edwards blieb bis 1750 Pastor – dreiundzwanzig Jahre lang.

1723 verliebte sich Edwards in ein dreizehnjähriges Mädchen namens Sarah Pierrepont, die sich als genau die Frau erwies, die seine Begeisterung für den Glauben teilen konnte. Auf der Titelseite seiner griechischen Grammatik schrieb er ein Liebeslied, wie nur er es schreiben konnte:

In New Haven gibt es eine junge Dame, die von diesem großen Gott geliebt wird, der die Welt gemacht hat und sie regiert … Manchmal zieht sie lieblich singend von Ort zu Ort und scheint immer voller Freude und Glück, und keiner weiß, warum. Sie liebt es, allein in den Feldern und Wäldern zu spazieren und es scheint, dass irgendein Unsichtbarer sich ständig mit ihr unterhält.[2]

Vier Jahre später, fünf Monate nach seiner Ordination in Northampton, heirateten sie. Sie hatten elf Kinder (acht Töchter und drei Söhne), die alle ihren Vater verehrten und keine Schande über die Familie brachten, obwohl sie einen Vater hatten, der dreizehn Stunden täglich studierte.

Ob es nun ein Fehler war oder nicht, hielt Edwards jedenfalls keine regelmäßigen pastoralen Besuche bei seinen Gemeindegliedern ab (620 Gläubige im Jahr 1735). Er ging zu den Kranken, wenn man ihn rief. Er predigte oft bei privaten Zusammenkünften in bestimmten Nachbarschaften. Er gab den Kindern Bibelunterricht. Und er ermutigte jeden, der ein geistliches Anliegen hatte, zu ihm in sein Studierzimmer zu kommen und um Rat zu fragen. Über sich selbst urteilte er, dass er kein begabter Gesprächspartner war und dass er das Allerbeste für die Seelen tun und die Sache Christi am besten fördern konnte, wenn er predigte und schrieb.[3] Zumindest in den frühen Jahres seines Dienstes in Northampton hielt Edwards zwei Predigten pro Woche, eine sonntags und eine an einem Werktagabend. Predigten dauerten damals üblicherweise eine Stunde, konnten aber auch beträchtlich länger sein.

Bereits auf dem College hatte Edwards siebzig persönliche Beschlüsse formuliert. Einer davon lautete: »Ich habe beschlossen: während meines ganzen Lebens mit all meiner Kraft zu leben.«[4] Für ihn bedeutete das, sich mit Leidenschaft dem Studium der Theologie hinzugeben. Er befolgte einen sehr strengen Studienplan. Einmal sagte er, dass er glaube, »Christus befahl, frühmorgens aufzustehen, indem er selbst sehr früh aus dem Grabe erstand.«[5] Deshalb stand er gewöhnlich zwischen vier und fünf Uhr morgens auf, um mit seinem Studium zu beginnen. Er studierte stets mit einem Stift in der Hand, durchdachte jede Erkenntnis und schrieb sie in einem seiner unzähligen Notizbücher auf. Sogar auf seinen Reisen heftete er Zettel an seinen Mantel, damit er nicht Erkenntnisse vergaß, die er unterwegs gewonnen hatte.

Abends, wenn die meisten Pastoren entweder erschöpft auf dem Sofa liegen oder auf einer Sitzung des Finanzausschusses sind, kehrte Edwards zu seinen Studien zurück, sobald er nach dem Abendessen eine Stunde mit seinen Kindern verbracht hatte. Es gab auch Ausnahmen. Am 22. Januar 1734 schrieb er in sein Tagebuch: »Ich urteile, wenn ich in einer guten Verfassung für geistliche Betrachtungen bin, ist es am besten … dass ich in der Regel nicht unterbrochen werde, um zum Abendessen zu gehen, sondern eher auf mein Abendessen verzichte, als gestört zu werden.«[6]

Das mag ungesund klingen, besonderes für jemanden, der körperlich nie sehr robust war. Doch Edwards achtete sorgfältig auf seine Ernährung und ausreichend Bewegung. Alles war dafür berechnet, seine Effizienz und Kraft im Studium zu optimieren. Er enthielt sich von jeglicher Menge und Art von Nahrung, die ihn krank oder schläfrig hätte machen können. Im Winter ertüchtigte er sich durch Holzhacken, im Sommer durch Reiten und Spaziergänge in den Feldern.

Über diese Feldspaziergänge schrieb er einmal: »Manchmal an schönen Tagen fühle ich mich viel eher geneigt, die Herrlichkeiten dieser Welt zu betrachten, als mich dem ernsten Studium der Religion zu widmen.«[7] So hatte auch er seine Kämpfe. Aber für Edwards war das kein Kampf zwi-

schen der Natur und Gott, sondern zwischen zwei Arten,
Gott zu erfahren:

> Als ich 1737 eines Tages um meiner Gesundheit willen
> in die Wälder hinausritt und an einem einsamen Ort von
> meinem Pferd stieg, um – nach meiner Gewohnheit – ge-
> hend über geistliche Dinge nachzusinnen und zu beten,
> sah ich etwas – was für mich außergewöhnlich war – von
> der Herrlichkeit des Sohnes Gottes als Mittler zwischen
> Gott und Mensch, und seine wunderbare, große, voll-
> ständige, reine und liebliche Gnade und Liebe und seine
> sanftmütige und milde Herablassung ... Dies hielt, so-
> weit ich das beurteilen kann, etwa eine Stunde an und
> brachte mich den größten Teil dieser Zeit über in eine
> Flut von Tränen und lautes Weinen.[8]

Er hatte eine außergewöhnliche Liebe zur Herrlichkeit Gottes in der Natur. Diese Liebe hatte enorme und gute Auswirkungen auf seine Fähigkeit, sich an der Größe Gottes zu
freuen und treffende Bilder in seinen Predigten zu gebrauchen.

Edwards leistete sich als Pastor einige Schnitzer, die die
Zündschnur der Bombe entfachten, die schließlich in seiner
Entlassung aus der Gemeinde explodierte. Zum Beispiel
zog er 1744 einige unschuldige Jugendliche in einen Skan-
dal um ein »schlechtes Buch« hinein, weil er ihre Namen
unnötigerweise öffentlich nannte. Aber was seinen Dienst
als Pastor schließlich beendete, war Edwards' öffentliche
Zurückweisung der langjährigen Tradition in Neuengland,
ohne Bekenntnis des rettenden Glaubens am Abendmahl
teilnehmen zu können. Sein Großvater hatte lange Zeit die
Praxis verteidigt, Leute ohne Bekenntnis und ohne Anzeichen, wiedergeboren zu sein, zum Abendmahl zuzulassen.

Stoddard sah das Abendmahl als ein Sakrament an, das zur Bekehrung dient. Edwards kam zu der Ansicht, dass dies unbiblisch sei, und schrieb ein Buch darüber. Doch am Freitag, den 22. Juni 1750, wurde die Entscheidung über die Entlassung verlesen, und am 1. Juli hielt Edwards seine Abschiedspredigt. Er war 46 Jahre alt und hatte die Hälfte seines Lebens dieser Gemeinde gedient.

In all diesen Jahren war er der primäre menschliche Funke, der die geistliche Elektrisierung bei der *Großen Erweckung* in New England zur Entladung brachte. Es gab außergewöhnliche Zeiten der Erweckung, insbesondere in den Jahren 1734 bis 1735 sowie von 1740 bis 1742. Fast alle Schriften von Edwards, die während seiner Zeit in Northampton veröffentlicht wurden, widmete er der Auslegung, Verteidigung und Förderung dessen, was er für ein erstaunliches Werk Gottes und nicht für bloße emotionale Hysterie hielt.

Dies sollte uns helfen zu bedenken, dass Edwards' Predigten im Allgemeinen eine größere Zuhörerschaft hatten als bloß seine eigene Gemeinde. Er richte sich stets an das ganze Reich Christi auf Erden und wusste, dass seine Stimme über die Grenzen von Northampton hinaus ein Echo fand. Einige seiner Werke wurden sogar in England früher veröffentlicht als in Boston.

Nach seiner Entlassung aus Northampton nahm er einen Ruf nach Stockbridge im Westen von Massachusetts als Gemeindepastor und Indianermissionar an. Er arbeitete dort bis 1758, als er Präsident von der Universität Princeton werden sollte.

Diese sieben Jahre im weit abgelegenen Stockbridge waren für Edwards enorm produktiv. 1757 fing er gerade an, sich dort heimisch zu fühlen. Deshalb schrieb er am 9. Oktober 1757, nachdem er zum Präsidenten von Princeton

berufen wurde, an das Kuratorium der Universität, um es zu
überzeugen, dass er für dieses Amt nicht geeignet war:

> Ich bin in vielerlei Hinsicht von einer besonders un-
> glücklichen Art, meine festen Bestandteile sind schlaff,
> meine flüssigen zäh und mein Geist ist seicht wie die Eb-
> be; das verursacht oft eine Art von kindlicher Schwäche
> und eine verachtenswerte Rede und Gegenwart und ein
> ebensolches Verhalten, mit einer unangenehmen Schwer-
> fälligkeit und Steifheit, was mich für Gespräche völlig
> ungeeignet macht, und erst recht für die Leitung einer
> Universität ... Ferner habe ich in einigen Fächern Defizi-
> te, besonders in Algebra und höherer Mathematik sowie
> den griechischen Klassikern, da mein Griechisch haupt-
> sächlich auf dem Neuen Testament beruht.[9]

Es verwundert, wie gut er sein Hebräisch durch dreißig Jahre des pastoralen Dienstes hindurch bewahrte, weil er sagte,
dass er niemals seine Zeit für das Lehren von Sprachen auf-
wenden wolle, »außer wenn es sich um Hebräisch handelt.
Ich bin bereit, meine Hebräischkenntnisse zu verbessern, indem ich anderen Hebräisch beibringe.« Aber es war typisch
für diesen Mann, dass er sich mit 54 Jahren wünschte, seine
Kenntnis der biblischen Sprachen zu verbessern. Er sprach
von den Büchern, die er schreiben wollte, und bat um Frei-
stellung, um das zu tun, wonach sein Herz verlangte: »Mein
Herz ist so sehr in diese Studien vertieft, dass ich darin keine Bereitschaft finden kann, mir Hindernisse aufzuerlegen,
um diesen Studien erst irgendwann in der Zukunft wieder
nachzugehen.«[10]

Als der Predigerrat, der Edwards persönlich nach Stockbridge berufen hatte, in einer Abstimmung entschied, dass
es seine Pflicht sei, die Präsidentschaft anzunehmen, weinte

Edwards deshalb offen vor dem Rat, aber nahm dessen Entscheidung an. Er verließ Stockbridge fast auf der Stelle und traf im Januar 1758 in Princeton ein. Am 13. Februar wurde er gegen Pocken geimpft, zunächst scheinbar erfolgreich. Doch dann setzte ein sekundäres Fieber ein und in seiner Kehle bildeten sich große Pusteln, was die Einnahme von Medikamenten verhinderte. Er starb am 22. März 1758 im Alter von 54 Jahren.

Seine letzten Worte an die trauernden und verzagten Freunde an seinem Sterbebett waren: »Vertraut auf Gott und ihr braucht euch nicht zu fürchten.«[11] Sein großes Vertrauen auf die souveräne Güte Gottes kam in der Stärke seiner Frau vielleicht am deutlichsten zum Ausdruck. Sie erhielt die Nachricht vom Tod ihres Mannes durch einen Brief von einem Arzt. Die erste dokumentierte Reaktion ist der Brief, den sie am 3. April an ihre Tochter Esther schrieb, zwei Wochen nach Edwards' Tod:

> Mein allerliebstes Kind!
> Was soll ich sagen? Ein heiliger und gütiger Gott hat eine dunkle Wolke über uns gebracht. O, mögen wir doch die Rute küssen und unsere Hände auf unseren Mund legen! Der Herr hat es getan. Er hat bewirkt, dass ich seine Güte bewundere, weil wir ihn so lange hatten. Aber mein Gott lebt, und ihm gehört mein Herz. O, was für ein Vermächtnis hat mein Mann und dein Vater uns hinterlassen! Wir alle sind für Gott gegeben; und dort bin ich und liebe es zu sein.
>
> Deine dich ewig liebende Mutter,
> Sarah Edwards[12]

Unterwerfung unter Gottes liebliche Souveränität[*]

Die Theologie von Edwards

Was Jonathan Edwards predige, und die Art, *wie* er predigte, ist auf seiner Sicht von Gott begründet. Daher müssen wir zuerst einen Blick auf diese Sicht werfen, bevor wir seinen Predigtstil näher betrachten. 1735 hielt Edwards eine Predigt über Psalm 46,11: »Lasst ab und erkennt, dass ich Gott bin.« Ausgehend von diesem Text entwickelte er folgende Lehre:

> Gott verlangt von uns nicht, dass wir uns ihm entgegen unserem Verstand unterwerfen, sondern dass wir uns unterwerfen, indem wir den Grund der Unterwerfung erkennen. – Daher kann die bloße Überlegung, dass Gott Gott ist, durchaus ausreichen, um alle Einwände und Widerstände gegen die souveränen Haushaltungen Gottes zum Verstummen zu bringen.[1]

Wenn Jonathan Edwards zur Ruhe kam und über die großartige Wahrheit nachdachte, dass *Gott Gott ist*, sah er ein

---

* engl.: *sweet Sovereignty*, ein von Jonathan Edwards geprägter Ausdruck

majestätisches Wesen, dessen bloße Existenz eine unendliche Macht, ein unendliches Wissen und eine unendliche Heiligkeit beinhaltete. Er argumentierte weiter:

> Durch die Werke Gottes ist höchst offensichtlich, dass sein Wissen und seine Macht unendlich sind ... Da er in seinem Wissen und in seiner Macht so unendlich ist, muss er auch völlig heilig sein; denn Unheiligkeit bedeutet stets einen gewissen Mangel, eine gewisse Blindheit. Wo es keine Dunkelheit und keine Täuschung gibt, kann es keine Unheiligkeit geben ... Da Gott unendliche Macht und unendliches Wissen hat, muss er selbst-genugsam und all-genugsam sein; deshalb ist es unmöglich, dass er jemals versucht sein könnte, etwas Falsches zu tun; denn dies hätte für ihn keinen Sinn ... Somit ist Gott von Grund auf heilig und nichts ist unmöglicher, als dass Gott etwas Falsches täte.[2]

Für Edwards war die unendliche Macht bzw. absolute Souveränität Gottes das Fundament von Gottes Allgenugsamkeit. Und seine Allgenugsamkeit ist die Quelle seiner völligen Heiligkeit, und seine Heiligkeit umschließt seine ganze moralische Exzellenz. Somit war Gottes Souveränität für Edwards absolut entscheidend für alles andere, was er über Gott glaubte.[3]

Im Alter von 26 oder 27 Jahren blickte er neun Jahre weit zurück auf die Zeit, als er sich in die Lehre von der Souveränität Gottes verliebte und schrieb:

> Von jenem Tag an bis heute hat sich mein Denken über die Lehre von Gottes Souveränität wunderbar verändert ... Gottes absolute Souveränität ... ist das, worauf mein Verstand überzeugt zu ruhen scheint – so wie auf

den Dingen, die ich mit meinen Augen sehen kann ... Die Lehre erschien sehr oft außerordentlich angenehm, hell und lieblich. Absolute Souveränität ist das, was ich Gott zuzuschreiben liebe ... Gottes Souveränität stellte für mich immer einen großen Teil seiner Herrlichkeit dar. Es war oft meine Freude, mich Gott zu nahen und ihn als einen souveränen Gott anzubeten.[4]

Wenn Edwards auf Gott sah und von seiner absoluten Souveränität fasziniert war, sah er diese Realität nie isoliert. Sie war ein Teil von Gottes Herrlichkeit. Sie war für Edwards lieblich, weil sie ein so großer und entscheidender Teil einer unendlich herrlichen Person war, die er mit einer gewaltigen Leidenschaft liebte.

Zwei Schlussfolgerungen lassen sich aus dieser Sicht von Gott ziehen. Die erste lautet: *Das Ziel alles Tun Gottes ist, seine Herrlichkeit zu bewahren und zu offenbaren.* Alle Taten Gottes entspringen seiner Fülle – und nicht einem Mangel. Das meiste, was wir tun, tun wir deshalb, um einen Mangel zu beheben oder ein eigenes Bedürfnis zu befriedigen. Doch Gott tut nie etwas, um einem etwaigen Mangel an Selbst-Genugsamkeit abzuhelfen. Er führt keine Selbsthilfe-Maßnahmen durch. Als absoluter Souverän und allgenugsame Quelle sind alle seine Taten ein Überfluss aus seiner Fülle. Anders ausgedrückt: Er handelt nie, um seiner Herrlichkeit etwas hinzuzufügen, sondern lediglich um sie zu bewahren und zu offenbaren. (Dies wird meisterhaft erklärt in Edwards Schrift *Dissertation Concerning the End for Which God Created the World* – »Eine Ausarbeitung über das Ziel, für das Gott die Welt erschuf«.[5])

Die zweite Schlussfolgerung aus dieser Sicht von Gott ist, dass der Mensch die Pflicht hat, sich an Gottes Herrlichkeit zu *freuen*. Ich betone bewusst das Wort *freuen*, weil viele

Menschen sowohl zu Edwards' Zeiten als auch heute be-
kennen, dass es das eigentliche Ziel des Menschen ist, Gott
zu verherrlichen und sich ewig seiner zu erfreuen. Aber im
Großen und Ganzen betrachten sie ihre Freude an Gott als
bloße Option und verstehen nicht wie Edwards, dass das
eigentliche Ziel des Menschen ist, Gott *durch* die Freude an
ihm zu verherrlichen.

Freude ist das, was Edwards als »Emotion« (engl. *affec-
tion,* auch »Zuneigung« oder »Gemütsregung«) bezeichnete.
Er schrieb ein großartiges Buch namens *A Treatise Concer-
ning Religious Affections* (»Eine Abhandlung über religiöse
Emotionen«), um vor allem eines klarzumachen: »Echte
Religion besteht zum großen Teil aus heiligen Emotionen.«[6]
Er definierte »Emotionen« als »die leidenschaftlicheren und
spürbareren Übungen der Neigung und des Willens der See-
le« – Dinge wie Hass, Verlangen, Freude, Trauer, Hoffnung,
Furcht, Dankbarkeit, Mitgefühl und Eifer.

Wenn wir von Freude an Gott als Pflicht des Menschen
reden, dann müssen wir erkennen, dass dies keine einfache,
sondern eine komplexe Sache ist. Eine bestimmte leiden-
schaftliche Neigung des menschlichen Herzens muss stets
auch andere Neigungen mit einschließen. Freude an der
Herrlichkeit Gottes schließt zum Beispiel mit ein: *Hass* auf
die Sünde, *Furcht*, Gott zu missfallen, *Hoffen* auf die Verheißungen Gottes, *Zufriedenheit* in der Gemeinschaft mit
Gott, *Sehnsucht* nach der endgültigen Offenbarung seines
Sohnes, *Jubel* über die vollbrachte Erlösung, *Trauer* und
Reue über Versagen in der Liebe, *Dankbarkeit* für unver-
diente Segnungen, *Eifer* für die Sache Gottes, *Hunger* nach
Gerechtigkeit usw.

Unsere Pflicht vor Gott ist, dass all unsere Gefühlsre-
gungen angemessen seiner Wirklichkeit entsprechen und
somit seine Herrlichkeit widerspiegeln.

Edwards war völlig überzeugt, dass es keine wahre Religion ohne heilige Emotionen gibt. »Wer keine religiöse Emotionen hat, ist in einem Zustand des geistlichen Todes und entbehrt völlig der mächtigen lebensweckenden Einflüsse des Geistes Gottes.«[7]

Aber nicht nur das: Es gibt keine wahre Religion (oder wahre Gläubige), wo das *Beharren* in diesen heiligen Emotionen fehlt. Beharrlichkeit ist ein Merkmal der Erwählten und notwendig zur letztendlichen Errettung. »Wer kein frommes Leben führt, stellt damit für sich selbst fest, dass er nicht erwählt ist; wer ein frommes Leben führt, hat für sich selbst festgestellt, dass er erwählt ist.«[8]

Edwards glaubte an die Rechtfertigung durch Glauben und dachte viel über deren Zusammenhang mit dem Beharren nach. Aber die große Frage war damals wie heute: Was ist Glaube? Edwards sagte zwei entscheidende Dinge. Erstens: Rettender Glaube beinhaltet »Glaube an die Wahrheit und eine aufnahmebereite Herzenshaltung«.[9] Da der Glaube eine aufnahmebereite Herzenseinstellung ist, ist er nicht etwas anderes als die Emotionen. Glaube ist »der Seele völliges Ergreifen der Offenbarung Jesu Christi als unseren Retter«. Dieses Ergreifen ist ein Ergreifen aus Liebe: »Glaube entspringt ... einem Prinzip der göttlichen Liebe« (vgl. 1. Korinther 13,7; Johannes 3,19; 5,42). Mit anderen Worten: Glaube entspringt »einem geistlichen Geschmack und Gefallen an dem, was ausgezeichnet und göttlich ist«.[10] Daher ist Freude an Gott die Wurzel des Glaubens und der Glaube ein elementarer Ausdruck unserer Freude an Gott. Im Gegensatz zur heute gängigen Lehre ist rettender Glaube keineswegs eine bloße Willensentscheidung unabhängig von den Emotionen.

Zweitens ist rettender Glaube ein ausharrender Glaube: »Denn Gott schätzt Ausharren [des Glaubens], da es so etwas wie die erste Handlung [des rettenden Glaubens] ist. Und er betrachtet es, als wäre es eine Eigenschaft des Glaubens, durch welchen der Sünder dann gerechtfertigt wird.«[11] Mit anderen Worten: Das erste Agieren des rettenden Glaubens ist wie eine Eichel, die in sich bereits die sich ausdehnende Eiche alles folgenden Ausharrens birgt, von dem die Bibel sagt, dass es für die letztendliche Rettung notwendig ist. Bei unserer Bekehrung werden wir ein für alle Mal gerechtfertigt durch den Glauben, aber wir müssen auch (und werden gewiss) beharrlich im Glauben bleiben und in seiner Frucht, den heiligen Emotionen, die uns in Samenform bereits bei unserer Bekehrung gegeben wurden.

Deshalb sagt Edwards: »Es ist sehr nötig, dass man sich in Sorgfalt und Fleiß übt, um auszuharren, damit man errettet wird, so wie man auch Aufmerksamkeit und Sorgfalt übte, als man Buße tat und bekehrt wurde.«[12] Das ist von enormer Tragweite für die Art und Weise, wie Edwards predigte. Die Predigt ist ein Gnadenmittel, um den Gläubigen zum Ausharren zu verhelfen. Ausharren ist notwendig zur letztendlichen Errettung. Daher ist jede Predigt ein »Ruf zum Heil« – nicht nur, um Sünder zur Umkehr rufen, sondern auch, damit die Gläubigen in ihren heiligen Emotionen ausharren und sie somit imstande sind, ihre Berufung und Erwählung zu bestätigen und errettet zu werden.

Zusammenfassend lässt sich sagen: Als Edwards still wurde und erkannte, dass Gott Gott ist, sah er vor seinen Augen einen absolut souveränen Gott: selbst-genugsam und all-genugsam, unendlich heilig und daher von vollkommener Herrlichkeit. Gott tut nie etwas, um einen Mangel zu beheben (da er keinen Mangel hat), sondern alles, was er tut, tut er, um seine Genugsamkeit zu offenbaren (die unendlich ist). Was er tut, tut er um seiner Herrlichkeit willen. Unsere Pflicht und unser Vorrecht ist es daher, diesem Ziel

zu entsprechen und Gottes Herrlichkeit dadurch widerzuspiegeln, dass wir uns an ihr erfreuen. Es ist unsere Berufung und unsere Freude, Gottes herrliche Gnade dadurch
sichtbar zu machen, dass wir ihm von ganzem Herzen vertrauen, solange wir leben.

Gottes überragende Herrlichkeit vermitteln

Die Predigtweise von Edwards

Welche Art zu predigen resultiert aus Edwards' Sicht von Gott? Welche Art von Predigt gebrauchte Gott, um die Große Erweckung in Neu-England unter Edwards' Wirken in Northampton zu entfachen? Eine geistliche Erweckung ist selbstverständlich das souveräne Werk Gottes. Aber er gebraucht Mittel dazu – insbesondere das Predigen. »Nach seinem Willen hat er uns *durch das Wort der Wahrheit* geboren« (Jakobus 1,18). Es hat »Gott wohlgefallen, *durch die Torheit der Predigt* die Glaubenden zu erretten« (1. Korinther 1,21; Hervorhebungen jeweils durch den Autor).

Ich habe versucht, den Wesenskern von Edwards' Predigten in zehn Merkmalen zusammenzufassen. Doch ich bin so vom Wert dieser Merkmale für uns heute überzeugt, dass ich sie als »zehn Merkmale guten Predigens« bezeichne und sie nicht nur als Fakten über Edwards präsentiere, sondern als Herausforderungen für uns heute. Diese Merkmale habe ich sowohl seinem Predigtstil entnommen als auch seinen eigenen Aussagen über das Predigen.

1. Heilige Gemütsregungen wecken

Eine gute Predigt zielt darauf ab, »heilige Emotionen« (engl. *affections*) zu wecken – wie z. B. Hass auf die Sünde, Freude an Gott, Vertrauen auf seine Verheißungen, Dankbarkeit für seine Barmherzigkeit, Sehnsucht nach Heiligkeit und liebevolles Mitgefühl. Der Grund ist, dass das Fehlen von »heiligen Emotionen« in Christen abscheulich ist.

> Die Dinge des Glaubens sind so großartig, dass die Übungen unseres Herzens nicht einfach angemessen sein können, sondern lebhaft und kraftvoll sein müssen. Nirgends sonst ist Vitalität in der Ausübung unserer Neigungen so sehr notwendig wie im Bereich des Glaubens; und nirgends ist Lauheit so abscheulich.[1]

An anderer Stelle bemerkt Edwards: »Wenn wahre Religion viel mit *Emotionen* zu tun hat, können wir daraus folgern, dass *eine solche Art, das Wort zu predigen* ... die die Herzen der Zuhörer tief anrührt ... sehr erstrebt werden muss.«[2]

Natürlich sah der hochwürdige Klerus in Boston eine große Gefahr darin, derart auf die Emotionen abzuzielen. Charles Chauncy kritisierte z. B., dass es »eine klare hartnäckige Tatsache ist, dass man heute im Allgemeinen sehr die Leidenschaften schürt, als sei es die Hauptsache in der Religion, diese aufzuwühlen.«[3] Edwards' Antwort war weise und ausgewogen:

> Ich denke nicht, dass Predigern vorgeworfen werden kann, die Emotionen ihrer Zuhörer zu sehr zu schüren, solange das, wofür sie Emotionen empfinden, das ist, was der Emotion wert ist, und solange ihre Emotionen nicht das angemessene Maß im Verhältnis zu ihrer Wichtigkeit

übersteigen … Ich selbst sollte meine Pflicht bedenken, die Emotionen meiner Hörer so hoch wie irgend möglich zu erheben – vorausgesetzt, sie werden durch nichts anderes bewegt als durch die Wahrheit, und durch Emotionen, die nicht der Natur dessen entgegenstehen, wodurch sie bewegt werden. Ich weiß, dass es lange Zeit Mode war, einen sehr ernsten und pathetischen Predigtstil zu verachten. Und jene – nur jene – wurden als Prediger geschätzt, die das größte Wissen und den schärfsten Verstand und eine korrekte Methode und Sprache vorweisen konnten. Doch ich sehe demütig ein, dass es Mangel an Verständnis oder gebührende Rücksicht auf die menschliche Natur war, weshalb man von einem solchen Predigen meinte, es sei am stärksten geneigt, den Sinn des Predigens zu erfüllen. Und die gegenwärtigen und vergangenen Erfahrungen haben dies reichlich bestätigt.[4]

Wahrscheinlich würde man heute Edwards fragen, warum er nicht sichtbare Taten der Liebe und Gerechtigkeit zu seinem Ziel mache anstatt die Emotionen des Herzens. Seine Antwort wäre, dass das Verhalten durchaus sein Ziel ist, nämlich indem er darauf abzielt, den Ursprung des Verhaltens – die Emotionen – umzuwandeln. Er wählt diese Strategie aus zwei Gründen. Erstens kann ein guter Baum keine schlechten Früchte tragen. Der größte Teil seines Werks *Religious Affections* widmet sich der Beweisführung für diese These: »Emotionen der Gnade und Heiligkeit werden in der Praxis des Christen ausgeübt und bringen dort ihre Frucht.«[5] Edwards zielte auf die Emotionen, weil sie die Quellen aller frommen Taten sind. Mache den Baum gut, und seine Früchte werden gut sein.

Zweitens zielte Edwards auf das Wecken heiliger Emotionen ab, weil »keine äußerliche Frucht gut ist, die nicht aus

solchen Übungen hervorkommt«[6]. Äußerlich praktizierte
Mildtätigkeit und Frömmigkeit bleiben bloße Gesetzlichkeit
und wertlos für die Verherrlichung Gottes, wenn sie nicht
den neuen und von Gott gegebenen Emotionen des Herzens
entspringen, die gerne von Gott abhängig sind und seine Ehre suchen. Wenn man seinen Leib hingibt, aber keine Liebe
hat, so nützt es gar nichts (1. Korinther 13,3).

Deshalb zielt eine gute Predigt darauf ab, heilige Emotionen zu wecken. Sie zielt auf das Herz.

2. Den Verstand erleuchten

Ja, Edwards sagte: »Unsere Leute müssen nicht so sehr ihre
Köpfe mit allem möglichen Wissen gefüllt bekommen, sondern vielmehr müssen ihre Herzen angerührt werden, und
sie brauchen jene Art von Predigt am nötigsten, die genau
dazu am stärksten neigt.«[7] Aber es liegen Welten zwischen
der Art und Weise, wie Edwards die Herzen seiner Hörer
zu bewegen suchte, und der Art und Weise, wie beziehungs-
orientierte und psychologisierende Prediger heute versuchen, ihre Zuhörer anzurühren.

1744 hielt Edwards eine Ordinationspredigt über Johan-
nes den Täufer: »Jener war die brennende und scheinende
Lampe« (Johannes 5,35). Sein Hauptpunkt war, dass ein
Prediger brennen und leuchten muss. Er muss Wärme im
Herzen und Licht im Verstand haben – und nicht mehr Wär-
me, als das Licht rechtfertigt:

> Wenn ein Prediger Licht ohne Wärme hat und seine Zu-
> hörer mit gelehrsamen Diskursen unterhält, ohne einen
> Geschmack der Kraft der Gottesfurcht oder ohne jeg-
> liches Anzeichen für einen brennenden Geist und ohne

Eifer für Gott und für das Wohl der Seelen, dann mag er juckende Ohren kratzen und die Köpfe seiner Hörer mit leeren Gedanken füllen; doch wird er sehr wahrscheinlich nicht ihre Herzen erreichen oder ihre Seelen erretten. Und wenn er andererseits von einem wilden, ungezügelten Eifer, von einer ungestümen Hitze ohne Licht getrieben wird, dann wird er wahrscheinlich dieselbe unheilige Flamme in seinen Zuhörern anzünden und ihre verdorbenen Leidenschaften und Gefühle anfachen. Aber er wird sie weder jemals bessern noch eine Stufe gen Himmel herRis
aufführen, sondern er wird sie eilends in die andere Richtung treiben.[8]

Wärme *und* Licht; brennen *und* scheinen! Es ist entscheidend wichtig, den Verstand mit Licht zu erhellen, weil Emotionen, die nicht dem Verstand und der von ihm erfassten Wahrheit entspringen, keine heiligen Emotionen sind. Edwards sagte zum Beispiel:

Ein Glaube ohne geistliches Licht ist nicht der Glaube der Kinder des Lichts und des Tages [1. Thessalonicher 5,5], sondern die Einbildung der Kinder der Finsternis. Und deshalb neigt ein Drängen und Nötigen zum Glauben ohne jegliches geistliches Licht und ohne jegliche geistliche Sicht sehr stark dazu, die Täuschungen des Fürsten der Finsternis voranzutreiben.[9]

Er drückt sich sogar noch stärker aus:

Angenommen, die religiösen Emotionen bestimmter Personen entspringen tatsächlich einer starken Überzeugung von der Wahrheit des christlichen Glaubens; ihre Emotionen sind damit noch nicht besser, es sei denn, es

handelt sich um eine *begründete* Überzeugung. Mit einer
begründeten Überzeugung meine ich eine Überzeugung,
die auf *realen Indizien* oder auf einem guten, überzeugen-
den Grund begründet ist.[10]

Somit wird ein guter Prediger darauf abzielen, seinen Zuhörern einen guten, festen Grund für die Emotionen zu geben, die er in ihnen wecken will. Edwards kann nie als ein
Beispiel dienen für jemanden, der Gefühle manipuliert. Er
behandelte seine Zuhörer als Geschöpfe mit Verstand und
suchte ihre Herzen allein dadurch zu bewegen, dass er ihrem Verstand Licht und Wahrheit bot.
Deshalb lehrte er:

> Es ist sehr vorteilhaft für Prediger und ihre Predigten,
> wenn sie sich klar und deutlich bemühen, die Glaubens-
> lehren zu erklären, die damit verbundenen Schwierig-
> keiten zu enträtseln und die Lehren mit überzeugenden
> Gedankengängen und guter Argumentation zu bestäti-
> gen und außerdem eine einfache und klare Methode und
> Struktur in ihren Texten zu befolgen, damit sie besser zu
> verstehen und die Inhalte leichter zu merken sind.[11]

Der Grund dafür ist, dass eine gute Predigt darauf abzielt, den Verstand der Zuhörer mit göttlicher Wahrheit
zu erleuchten. Gott gebrauchte vor rund 250 Jahren eine
wunderbare Kombination, um Neu-England zu erwecken:
Wärme und Licht; Brennen und Leuchten; Kopf und Herz;
tiefschürfende Lehre und tiefgegründete Freude. Kann Gott
nicht auch heute wieder diese Mittel gebrauchen, wenn wir
danach trachten, den Verstand zu erleuchten und das Herz
zu entflammen?

3. Mit der Bibel durchtränken

Ich sage, dass eine gute Predigt »mit der Bibel durchtränkt« ist und nicht nur »auf der Bibel basiert«, weil es sich bei der Bibel um mehr (und nicht weniger) als nur die Basis für eine gute Predigt handelt. Eine gute Predigt ruht nicht auf der Bibel als Basis und geht dann zu anderen Dingen über. Sie trieft von Bibelworten.

Immer und immer wieder rate ich jungen Predigern: »Zitiert den Text! Zitiert den Text! Sagt die tatsächlichen Worte des Textes immer wieder. Zeigt den Leuten, woher eure Gedanken kommen.« Den meisten Menschen fällt es schwer, die Verbindungen zwischen den Aussagen eines Predigers und dem Bibeltext zu erkennen, über den er predigt. Dieser Zusammenhang muss immer wieder durch wörtliche Zitate aus der Schrift aufgezeigt und die Predigt so mit der Bibel durchtränkt werden. Edwards verwendete viel Energie dafür, in seinen Predigtunterlagen ganze Schriftabschnitte abzuschreiben, um seine Aussagen zu untermauern. Er zitierte einen Vers nach dem anderen, um Licht auf sein Thema zu werfen. Edwards zufolge sollten unsere Predigten von Schriftstellen durchtränkt sein, weil sie »die Lichtstrahlen der Sonne der Gerechtigkeit sind; sie sind das Licht, durch das die Prediger erleuchtet werden müssen, und das Licht, das sie ihren Zuhörern präsentieren; und sie sind das Feuer, an dem ihre Herzen und die Herzen ihrer Zuhörer entflammt werden müssen.«[12]

Im Rückblick auf seine frühen Erfahrungen als Prediger sagte er:

Damals und zu anderen Zeiten hatte ich die größte Freude an den heiligen Schriften, mehr als an jedem anderen Buch. Wenn ich sie las, schien oft jedes Wort mein Herz zu berühren. Ich empfand eine Harmonie zwischen etwas in meinem Herzen und diesen lieblichen und kraftvollen Worten. Ich sah oft in jedem einzelnen Satz so viel Licht, und bekam oft solch erfrischende Speise vermittelt, dass ich nicht weiterlesen konnte. Ich verweilte oft bei einem einzigen Satz, um die darin enthaltenen Wunder zu sehen; doch schien geradezu jeder Satz voll von solchen Wundern zu sein.[13]

Wir können Edwards' gründliches Bibelwissen nur erstaunt bewundern, besonders weil er sich darüber hinaus auch hervorragend in den besten theologischen, ethischen und philosophischen Werken seiner Zeit auskannte. Als Student traf er diese Entscheidung für sein Leben: »Ich habe beschlossen: die Schrift so ununterbrochen, beständig und oft zu studieren, dass ich in der Erkenntnis derselben mich wachsend finde und erkenne.«[14] »Ununterbrochen«, »beständig«, »oft« – das war die Quelle der reichhaltigen Schriftzitate in Edwards' Predigten.

Bei seinem Schriftstudium brauchte er Hunderte von Notizzetteln und verfolgte jede Spur der Erkenntnis, soweit er konnte.

Meine Studiermethode bestand von Beginn meines Dienstes an sehr viel im Schreiben; dadurch konnte ich jeden wichtigen Hinweis vertiefen, einen Anhaltspunkt bis ganz auf den Grund der Sache weiterverfolgen; wenn mir irgendetwas beim Lesen, beim Nachdenken oder in einer Unterhaltung in den Sinn kam, was Licht in irgendeiner wichtigen Sache zu versprechen schien. So hielt ich alles fest, was mir meine besten Gedanken zu sein schienen, über unzählige Themen, zu meinem eigenen Nutzen.[15]

Sein Stift war sein exegetisches Auge. Wie Johannes Calvin (von dem diese Aussage aus der Einleitung zur *Institutio* stammt), lernte er beim Schreiben und schrieb beim Lernen. Seine Methode und seine dadurch gewonnene Erkenntnis lässt unsere meist sehr flüchtigen Textbetrachtungen sehr oberflächlich aussehen.

Edwards zu lesen liebe ich aus dem gleichen Grund wie ich die Puritaner zu lesen liebe. Seine Schriften lesen heißt, die Bibel durch die Augen eines Mannes zu lesen, der sie tiefgründig versteht und mit seinem ganzen Herzen fühlt. Gutes Predigen (wie immer man es nennen mag) ist mit der Bibel durchtränkt. Und deshalb sagt Edwards, der Prediger »muss in Theologie gut studiert, mit dem Wort Gottes gut vertraut und mächtig in der Schrift sein.«[16]

4. Vergleiche und Bilder gebrauchen

Die Erfahrung und die Schrift lehren uns, dass das Herz am stärksten getroffen wird, nicht wenn der Verstand abstrakte Vorstellungen erwägt, sondern wenn er mit lebhaften und erstaunlich realen Bildern gefüllt wird. Edwards glaubte an die Wichtigkeit der Theorie, doch er wusste, dass Abstraktionen nur wenig Emotionen erwärmen. Und neu geweckte Emotionen sind das Ziel der Predigt. So bemühte sich Edwards sehr, die Herrlichkeiten des Himmels unwiderstehlich schön und die Qualen der Hölle unerträglich grausam darzustellen. Und er versuchte, abstrakte theologische Wahrheit mit allgemein bekannten Ereignissen und Erfahrungen zu vergleichen.

Sereno Dwight sagt, dass »diejenigen, die mit Edwards' Werken am meisten vertraut sind, wissen, dass all seine Werke, sogar die metaphysischsten, reichhaltig Illustratio-

nen beinhalten und dass es in seinen Predigten von Bildern
jeder Art nur so wimmelte, die einen starken und nachhalti-
gen Eindruck hinterlassen können.«[17]

In seiner bekanntesten Predigt, »Sünder in den Händen
eines zornigen Gottes«, sprach Edwards über den Ausdruck
»die Kelter des Weines des Grimmes des Zornes Gottes, des
Allmächtigen« (Offenbarung 19,15). Er sagt:

> Diese Worte sind äußerst schrecklich. Wenn nur gesagt
> wäre »der Zorn Gottes«, so würden diese Worte schon
> etwas Furchtbares enthalten; es heißt aber »der grimmige
> Zorn Gottes«, »die unerbittliche Heftigkeit Gottes«, »der
> Grimm Jahwes«. Oh, wie schrecklich muss das sein! Wer
> kann es fassen und ausdrücken, was solche Ausdrücke
> besagen?[18]

Das ist Edwards' Herausforderung an jeden Prediger des
Wortes Gottes. Wer kann Bilder und Vergleiche finden, die
auch nur annähernd die tiefgreifenden Gefühlen wecken,
die wir haben sollten, wenn wir über solche Realitäten wie
Hölle und Himmel nachdenken? Wir dürfen nicht wagen,
etwas an Edwards' Bildern für die Hölle auszusetzen, es sei
denn, wir wollen an der Bibel selbst etwas aussetzen. Denn
seiner Ansicht nach (und ich bin sicher, dass er Recht hatte)
rang er einfach nach Worten, die annähernd veranschauli-
chen konnten, was für ehrfurchtgebietende Realitäten biblische Ausdrücke enthalten wie z. B. »die Kelter des Weines
des Grimmes des Zornes Gottes, des Allmächtigen«.

Heute machen wir genau das Gegenteil. Wir suchen nach
Umschreibungen für die Hölle und denken uns Bilder aus,
die so weit vom Schrecken der biblischen Formulierungen
entfernt sind wie nur irgend möglich. Dass unsere Versuche,
den Himmel attraktiv und die Gnade erstaunlich aussehen

zu lassen, oft extrem erbärmlich wirken, ist zum Teil eine Folge von unseren harmlosen Bildern der Hölle. Wir täten gut daran, wie Edwards Bilder und Vergleiche zu finden, die in unseren Zuhörern Eindrücke erwecken, die der Realität entsprechen.

Aber nicht nur Himmel und Hölle bewegten Edwards, Vergleiche und Bilder zu finden. Er zog den Vergleich mit einem Arzt mit Skalpell heran, um bestimmte Predigtarten zu erklären. Anhand der Ähnlichkeit zwischen einem menschlichen und einem tierischen Embryo verdeutlichte er, dass bei der Bekehrung zwar ein neues Leben mit neuen Emotionen entsteht, das sich aber nicht unbedingt sofort völlig vom unbekehrten Leben unterscheidet. Er beschrieb das reine Herz mit verbleibenden Unreinheiten als ein Fass voll gärendem Alkohol, der versucht, sich von allen Ablagerungen zu befreien. Und er sah Heiligkeit in der Seele als einen Garten Gottes mit den verschiedensten Sorten von schönen Blumen. Seinen Predigten waren voller Bilder und Vergleiche, um dem Verstand Licht und den Emotionen Wärme zu vermitteln.

5. Drohungen und Warnungen gebrauchen

Edwards kannte die Hölle; aber er kannte den Himmel noch besser. Ich kann mich lebhaft an die Winterabende 1971-72 erinnern, als meine Frau Noël und ich in München auf unserem Sofa saßen und gemeinsam Edwards' Predigt »Der Himmel ist eine Welt der Liebe« lasen. Was für eine herrliche Vorstellung! Wenn wir Prediger unseren Gemeinden die Herrlichkeit und das Verlangen nach Gott auf dieselbe Weise wie Edwards vor Augen malen würden, dann gäbe es eine neue Erweckung.

Doch wer sich am meisten über den Himmel freut, erschaudert auch am stärksten vor den Schrecken der Hölle. Edwards war fest von der Realität der Hölle überzeugt. »Diese Lehre ist in der Tat furchtbar und schauderhaft, doch sie ist von Gott.«[19] Deshalb schätzte er die Drohungen Jesu als die scharfen Töne der Liebe. »Wer ... sagt: ›Du Narr!‹ wird der Hölle des Feuers verfallen sein« (Matthäus 5,22). »Es ist dir besser, dass eins deiner Glieder umkommt und nicht dein ganzer Leib in die Hölle geworfen wird« (Matthäus 5,30). »Fürchtet den, der sowohl Seele als Leib zu verderben vermag in der Hölle!« (Matthäus 10,28). Edwards konnte nicht schweigen, wo Jesus so drastisch warnte. Jeden unbekehrten Menschen erwartet die Hölle. Aus Liebe müssen wir sie mit den Drohungen des Herrn warnen.

Heute werden Drohungen und Warnungen in Predigten für Gläubige aus mindestens zwei Gründen selten gebraucht: Sie führen zu Schuldgefühlen und Angst, was als unproduktiv angesehen wird, und sie scheinen theologisch unangebracht zu sein, weil die Gläubigen Heilssicherheit haben und daher keine Warnungen und Drohungen brauchen. Edwards verwarf beide Gründe. Wenn Angst und Schuldgefühle dem wahren Zustand entsprechen, ist es nur vernünftig und liebevoll, diese Menschen wachzurütteln. Und: Das Heil der Gläubigen ist zwar sicher in der allmächtigen Bewahrung Gottes, doch ihre Heilssicherheit erweist sich in ihrem Willen, biblische Warnungen zu beherzigen und in der Gottesfurcht zu beharren. »Wer zu stehen meint, sehe zu, dass er nicht falle« (1. Korinther 10,12).

Edwards sagte, dass Gott die Dinge für die Gemeinde so ordnete, »dass, wenn ihre *Liebe* nachlässt, ... *Furcht* aufkommen soll. Sie brauchen die Furcht dann, um von der Sünde abgehalten und dazu bewegt zu werden, sich um das Wohl ihrer Seele zu sorgen. Aber Gott hat es auch so geordnet, wenn die Liebe zunimmt ... dass die Furcht dann schwinden und vertrieben werden soll.«[20]

So sagt Edwards einerseits: »Gottes Zorn und künftige Strafe werden allen Arten von Menschen präsentiert, als Motivation ... zum Gehorsam, nicht nur den Bösen, sondern auch den Gottesfürchtigen.«[21] Andererseits sagt er: »Heilige Liebe und Hoffnung sind wirksamere Mittel, das Herz zu erweichen und es mit einer Scheu vor der Sünde zu erfüllen, als die sklavische Furcht vor der Hölle.«[22] Das Predigen über die Hölle ist nie ein Selbstzweck. Man kann niemanden in den Himmel hineindrohen. Der Himmel ist nicht für solche, die einfach Angst vor Schmerzen haben, sondern für solche, die Reinheit lieben. Dennoch sagte Edwards: »Manche halten den Gedanken, Menschen durch Angst in den Himmel zu bringen, für unvernünftig; aber ich betrachte es als vernünftiges Bemühen, Menschen von der Hölle weg zu ängstigen. Es ist vernünftig, jemand durch Ängstigen aus einem brennenden Haus herauszuretten.«[23]

Deshalb wird eine gute Predigt warnende Bibelbotschaften Gläubigen so vermitteln wie Paulus den Galatern: »Ich sage euch im Voraus ... dass die, die so etwas tun, das Reich Gottes nicht erben werden« (Galater 5,21). Oder: »Sei nicht hochmütig, sondern fürchte dich!« (Römer 11,20). Und Petrus schrieb: »Wenn ihr den als Vater anruft, der ohne Ansehen der Person nach eines jeden Werk richtet, so wandelt die Zeit eurer Fremdlingschaft in Furcht!« (1. Petrus 1,17). Solche Warnungen sind die düsteren Töne, die mit ihren reichen Farben helfen, in guten Predigten die herrlichen Verheißungen und Bilder des Himmels zu präsentieren, wie auch Paulus den Ephesern: »... damit (Gott) in den kommenden Zeitaltern den überragenden Reichtum seiner Gnade in Güte an uns erwiese in Christus Jesus« (Epheser 2,7).

6. *Zu einer Reaktion auffordern*

Kann ein Calvinist wie Edwards wirklich an Menschen appellieren, vor der Hölle zu fliehen und den Himmel zu suchen? Sind nicht calvinistische Lehrpunkte wie die völlige Verderbtheit, die bedingungslose Erwählung und die unwiderstehliche Gnade unvereinbar mit einem solchen Appellieren?

Edwards lernte seinen Calvinismus aus der Bibel und ersparte sich somit viele Irrtümer, denen einige andere Prediger seiner Zeit unterlagen. Er schlussfolgerte nicht, dass die bedingungslose Erwählung oder die unwiderstehliche Gnade oder die übernatürliche Wiedergeburt oder die Unfähigkeit des natürlichen Menschen dazu führen, dass ein Appellieren unangebracht wäre. Er sagte: »Sünder ... sollten ernsthaft eingeladen werden, zu kommen und den Retter anzunehmen und ihre Herzen ihm zu unterwerfen. Dazu sollten all die ermunternden Argumente aufgeboten werden ... die das Evangelium zu bieten hat.«[24]

Ich erinnere mich, wie ich vor einigen Jahren einen Prediger der reformierten Tradition über 1. Korinther 16 predigen hörte. Das Kapitel endet mit der schrecklichen Drohung: »Wenn jemand den Herrn nicht lieb hat, der sei verflucht!« (V. 22). Er erwähnte das beiläufig, aber er appellierte nicht an die Hörer und sehnte sich offenbar nicht danach, dass sie Christus lieben und dem schrecklichen Fluch entfliehen. Ich staunte darüber, wie so etwas überhaupt sein kann. Es gibt eine Tradition des Hyper-Calvinismus, die besagt, Gottes Ratschluss, die Erwählten zu retten, erlaube den Predigern nur diejenigen zu Christus einzuladen, bei denen erkennbar ist, dass sie bereits vom Geist wiedergeboren und zu Gott gezogen worden sind. Daraus resultiert eine Art von Predigt, die informiert, aber Sünder nicht inständig zur Umkehr aufruft. Wie auch Charles Spurgeon nach ihm, wusste Edwards, dass das nicht der echte Calvinismus war; es widerspricht der Schrift und ist unwürdig, der reformierten Tradition zugerechnet zu werden.

Tatsächlich schrieb Edwards ein ganzes Buch namens *The Freedom of the Will* (»Die Freiheit des Willens«), um zu erklären:

> Gott regiert über die Moral der Menschen, behandelt sie als moralisch verantwortlich und macht sie zu Gegenständen seiner Befehle, Ratschlüsse, Berufungen, Warnungen, Vorhaltungen, Verheißungen, Drohungen, Belohnungen und Strafen. Das widerspricht nicht der Tatsache, dass er alle Ereignisse im ganzen Universum souverän bestimmt und beherrscht.[25]

Mit anderen Worten: An unsere Zuhörer zu appellieren, dass sie auf unsere Predigt reagieren sollen, widerspricht nicht der hohen Lehre von der Souveränität Gottes.

Wenn wir predigen, ist es selbstverständlich *Gott*, der die Ergebnisse bewirkt, die wir erstreben. Aber dies schließt keine ernstlichen Appelle aus, dass die Zuhörer reagieren sollen. Denn, so erklärt Edwards:

> Wir sind nicht bloß passiv, auch macht Gott nicht etwas, und wir machen den Rest. Sondern Gott macht alles, und wir machen alles. Gott bewirkt alles, und wir tun alles. Denn dies ist es, was er bewirkt: unsere eigenen Taten. Gott ist der einzige gebührende Urheber und Quell; wir sind nur die gebührenden Handelnden. Wir sind, je nach Betrachtungsweise, völlig passiv und völlig aktiv.
>
> In der Schrift werden dieselben Dinge als von Gott und von uns dargestellt. Von Gott wird gesagt, dass er

Buße gibt (2. Timotheus 2,25), und von den Menschen wird gesagt, dass sie Buße tun und umkehren (Apostelgeschichte 2,38). Gott gibt ein neues Herz (Hesekiel 36,26), und wir werden aufgefordert, uns ein neues Herz zu schaffen (Hesekiel 18,31). Gott beschneidet das Herz (5. Mose 30,6), und wir werden aufgefordert, unsere Herzen zu beschneiden (5. Mose 10,16) ... Dies alles stimmt mit der Schriftstelle überein: »Gott ist es, der in euch wirkt sowohl das Wollen als auch das Vollbringen« (Philipper 2,13).[26]

Deshalb appellierte Edwards an seine Zuhörer, auf das Wort Gottes zu reagieren und gerettet zu werden. »Nun, wenn ihr irgend weise seid zu eurem eigenen Heil und nicht in die Hölle fahren wollt, nutzt die gelegene Zeit! Jetzt ist die angenehme Zeit! [2. Korinther 6,2] Jetzt ist der Tag des Heils ... Verhärtet eure Herzen nicht an einem Tag wie diesen!«[27] Fast jede Predigt enthält einen langen Abschnitt namens »Anwendung«, wo Edwards die praktische Bedeutung seiner Lehre einhämmert und mit Nachdruck zu einer Reaktion auffordert. Er rief nicht auf, »nach vorne zu kommen« (wie es heute üblich ist), doch er machte sehr wohl einen Aufruf, konfrontierte seine Zuhörer und forderte sie inständig auf, Gott zu antworten.

So hat es Gott anscheinend gefallen, Erweckungskraft in eine solche Predigt zu legen, die nicht vor den liebevollen Warnungen des Herrn zurückschreckt, die den Gläubigen eine Fülle einzigartiger Verheißungen der Gnade darbietet und die leidenschaftlich und liebevoll appelliert, dass niemand das Wort Gottes vergeblich hört. Es ist tragisch Prediger zu erleben, die nur die Tatsachen konstatieren und sich wieder setzen. Gutes Predigen appelliert an die Zuhörer, auf das Wort Gottes zu reagieren.

7. Das Herz erforschen

Eine vollmächtige Predigt ist wie eine Operation. Unter der Salbung des Heiligen Geistes wird durch sie der Infektionsherd der Sünde lokalisiert, behandelt und entfernt. Sereno Dwight, einer der ersten Biografen Edwards', beschrieb ihn: »Seiner Kenntnis des menschlichen Herzens und dessen Vorgänge kam keine Kenntnis eines nicht inspirierten Predigers auch nur annähernd gleich.«[28] Meine eigene Erfahrung als Patient auf Edwards' OP-Tisch bestätigt dieses Urteil.

Woher hatte Edwards diese tiefe Kenntnis der Seele? Nicht durch die vertrauten Beziehungen zu seinen Gemeindegliedern in Northampton. Dwight schrieb, er kenne keinen Menschen, der sich so konsequent von der Welt zurückzogen habe, um sich dem Lesen und Nachdenken zu verschreiben. Das mag mit der typisch puritanischen Neigung zur Selbstprüfung begonnen haben. Am 30. Juli 1723, im Alter von 19 Jahren, schrieb Edwards in sein Tagebuch: »Habe beschlossen, mich zu beeifern, mich in Pflichten hineinzuarbeiten, indem ich alle wirklichen Gründe suche und zurückverfolge, warum ich sie nicht erfülle, und alle Hinterlistigkeit meiner Gedanken mühsam aufzuspüren.«[29] Eine Woche später schrieb er: »Bin sehr überzeugt, wie trügerisch das Herz ist und wie stark ... das Verlangen den Verstand verblendet und ihn sich völlig unterwirft.«[30] So hat Dwight sicher Recht, wenn er schreibt, dass Edwards' Einsichten in das menschliche Herz zum großen Teil »aus seiner tiefen Bekanntschaft mit seinem eigenen Herzen stammen.«[31]

Eine zweite Sache, durch die Edwards eine solch tiefe Einsicht in die Vorgänge des Herzens hatte, war die Notwendigkeit, bei den intensiven religiösen Erfahrungen sei-

ner Hörer während der Großen Erweckung die Spreu vom
Weizen zu trennen. Seine Abhandlungen über *Religious Af-*
fections (»religiöse Emotionen«), die er ursprünglich 1742
und 1743 predigte, entlarven vernichtend den Selbstbetrug
in der Religion. Darin erforscht er schonungslos die Wurzeln unserer Verdorbenheit. Aus dieser ausdauernden und
sorgfältigen Prüfung der religiösen Erfahrungen seiner Hörer gewann Edwards ein bemerkenswertes Verständnis der
Vorgänge ihrer Herzen.

Ein dritter Grund für Edwards' Herzenskenntnis war
seine außergewöhnliche Einsicht in das, was Gott in seinem Wort über das menschliche Herz sagt. Zum Beispiel
beobachtete er in Galater 4,15, dass die religiöse Erfahrung
der Galater so intensiv war, dass sie ihre Augen für Paulus ausgerissen hätten. Aber dann sieht Edwards in Vers
11 desselben Kapitels, dass Paulus sagt, er habe vielleicht
»vergeblich an euch gearbeitet«. Daraus zieht Edwards den
weisen Schluss, dass die Stärke oder Intensität der religiösen
Emotionen (hier: die Bereitschaft, sich die Augen auszurei-
ßen) kein sicheres Anzeichen für ihre Echtheit sind (hier:
da Paulus' Arbeit vielleicht vergeblich war).[32] Durch jahre-
langes derartiges Studium wird man zu einem hervorragen-
den Seelenchirurg. Dann ist man zu Predigten imstande, in
denen die geheimen Dinge des Herzens aufgedeckt werden.
Und mehr als einmal hat das zu einer großen Erweckung in
der Gemeinde geführt.

Edwards sagte, jeder Prediger müsse »sich mit religiösen
Erfahrungen auskennen und darf weder die inneren Wirkungen des Heiligen Geistes noch die Listen Satans überse-
hen.«[33] Wenn ich die Predigten von Edwards lese, mache ich
immer wieder die tiefe Erfahrung, dass ich mich entblößt sehe. Die Geheimnisse meines Herzens werden ausgegraben.
Die trügerischen Werke meines Herzens werden entlarvt.

Die Schönheit neuer Emotionen scheint attraktiv. Ich fühle, wie sie schon beim Lesen Wurzeln schlagen.

Edwards verglich den Prediger mit einem Chirurgen:

> Einen Prediger dafür zu tadeln, dass er Erweckten die Wahrheit verkündigt und ihnen nicht sofortige Linderung spendet, ist wie einen Chirurgen, der gerade sein Skalpell eingestochen und dabei seinem Patienten bereits große Schmerzen zugefügt hat ... dafür zu tadeln, dass er seine Hand nicht zurückzieht, sondern noch tiefer zusticht bis an den Kern der Wunde. Solch ein mitleidiger Arzt, der beim ersten Zucken des Patienten seine Hand zurückzieht ... würde die Verletzung nur oberflächlich heilen und ausrufen: »Friede, Friede« – und da ist doch kein Friede [Jer 6,14].[34]

Dieser Vergleich mit dem Chirurgen und seinem Messer trifft tatsächlich auf Edwards' eigenen Predigtstil zu. Wir wollen nicht entblößt auf dem Tisch liegen und wollen nicht geschnitten werden. Doch was für eine Freude ist es, wenn der Krebs entfernt worden ist! Deshalb: Wie eine gute Operation erforscht gutes Predigen die Vorgänge des Herzens.

8. Im Gebet das Wirken des Geistes suchen

1735 hielt Edwards die Predigt »Der Allerhöchste – ein Gott, der Gebet erhört«. Darin sagte er: »Gott hat es gefallen, das Gebet als etwas einzurichten, das dem Empfangen von Gnade vorausgeht; und er hat Gefallen daran, Gnade auf Gebet folgend zu gewähren, als ob er durch Gebet dazu veranlasst würde.«[35] Das Ergebnis einer Predigt ist völlig von der Gnade Gottes abhängig. Deshalb muss der Prediger

daran arbeiten, seine Predigt durch Gebet unter die Wirk-
macht Gottes zu stellen.

Auf diese Weise hilft der Heilige Geist dem Prediger.
Doch Edwards glaubte nicht daran, dass der Heilige Geist
hilft, indem er Worte unmittelbar in den Sinn des Predigers
legt. Wenn das alles wäre, was er täte, dann könnte der Prediger ein Teufel sein und seine Aufgabe erfüllen. Nein, der
Heilige Geist erfüllt das Herz mit heiligen Emotionen, und
das Herz füllt den Mund. »Wenn jemand in heiliger und le-
bendiger Verfassung im Verborgenen betet, wird ihn das auf
wunderbare Weise mit Inhalten und Formulierungen für die
Predigt ausstatten.«[36]

Edwards riet den jungen Predigern seiner Zeit:

Um brennende und leuchtende Lichter zu sein, sollten
Prediger eng mit Gott wandeln und sich nah an Christus
halten, damit sie stets von ihm erleuchtet und angefacht
werden können. Und sie sollten viel Gott suchen und im
Gebet mit ihm, der Quelle des Lichts und der Liebe, reden.[37]

Er berichtet von seinen eigenen Erfahrungen zu Beginn seines Predigerdienstes, und ich vermute, dass er dies später
nicht weniger, sondern noch mehr wertschätzte:

Ich verbrachte die meiste Zeit damit, über göttliche Dinge nachzudenken, jahrein, jahraus. Oft ging ich allein
durch die Wälder und an einsame Orte, um nachzusinnen, Zwiegespräche mit mir selbst zu führen, zu beten
und mit Gott zu reden. In solchen Zeiten hatte ich stets
die Gewohnheit, meine Betrachtungen vorzusingen. Wo
immer ich war, befand ich mich fast ständig im Stoßge-
bet. Gebet schien zu meiner Natur zu gehören – wie der

Atem, durch den das innere Feuer meines Herzens ange-
blasen wurde.[38]

Neben dem persönlichen Gebet beteiligte sich Edwards
auch sehr stark an einer größeren Gebetsbewegung zu seiner Zeit, die sich von Schottland aus ausbreitete. Er schrieb
ein ganzes Buch, »um die klare Einmütigkeit und sichtbare
Einheit des Volkes Gottes durch außergewöhnliches Gebet
für die Erweckung des Glaubens und der Ausbreitung des
Reiches Christi zu fördern«.[39] Das verborgene Gebet des
Predigers und die großen Gebetsversammlungen im Volk
rufen gemeinsam die Gnade Gottes herab, und mit ihr die
Erweisung des Geistes und der Kraft.

Eine gute Predigt wird durch gutes Gebet geboren. Und
sie wird mit derselben Kraft aufwarten, die zur Großen Erweckung führte, wenn sie unter dem mächtigen, durch Gebet errungenen Wirken des Heiligen Geistes gepredigt wird.

9. Zerbrochen und weichherzig sein

Eine gute Predigt entsteht aus einer Gesinnung der Zerbrochenheit und Sanftmut. Bei all seiner Autorität und Macht
zog Jesus die Menschen vor allem deshalb an, weil er »sanftmütig und von Herzen demütig« und somit ein Ruhehort
war (Matthäus 11,28.29). »Als er aber die Volksmengen sah,
wurde er innerlich bewegt über sie, weil sie erschöpft und
verschmachtet waren wie Schafe, die keinen Hirten haben«
(Matthäus 9,36). In einem geisterfüllten Prediger gibt es eine zärtliche Zuneigung, die jede Verheißung versüßt und jede Warnung und Zurechtweisung mit Tränen mildert. »Wir
sind in eurer Mitte zart gewesen, wie eine stillende Mutter
ihre Kinder pflegt. So, in Liebe zu euch hingezogen, waren

wir willig, euch nicht allein das Evangelium Gottes, sondern
auch unser eigenes Leben mitzuteilen, weil ihr uns lieb geworden wart (1. Thessalonicher 2,7-8).

Eines der Geheimnisse von Edwards' Vollmacht auf der
Kanzel war die »Sanftmut eines zerbrochenen Herzens«, mit
der er die schwerwiegendsten Themen ansprach. Wir erah-
nen etwas von diesem Verhalten in seinen eigenen Worten:

> Alle gütigen Emotionen ... sind Emotionen eines zer-
> brochenen Herzens. Eine wahrhaft christliche Liebe ...
> ist eine demütige Liebe aus einem zerbrochenen Herzen.
> Das Sehnen der Gläubigen ist, so ernstlich es sein mag,
> ein demütiges Sehnen, ihre Hoffnung ist eine demütige
> Hoffnung; und ihre Freude – auch wenn unaussprechlich
> und voller Herrlichkeit – ist eine demütige Freude eines
> zerbrochenen Herzens und macht den Christen ärmer im
> Geist und wie ein kleines Kind und geneigter zu einem
> allgemein demütigen Verhalten.[40]

Echte geistliche Vollmacht auf der Kanzel bedeutet nicht
Lautstärke. Verhärtete Herzen werden wohl kaum von gellen-
den Stimmen aufgebrochen. Edwards war von der Schrift her
überzeugt: »Gütige Emotionen neigen nicht dazu, Menschen
kühn, vorlaut, laut oder gar übermütig zu machen, sondern
lassen sie mit Zittern reden.«[41] Gottes segnendes Auge ist auf
die Sanftmütigen und Zitternden gerichtet: »Auf den will ich
blicken: auf den Elenden und den, der zerschlagenen Geistes
ist und der da zittert vor meinem Wort« (Jesaja 66,2).

Deshalb sagt Edwards:

> Prediger sollten denselben stillen, lammhaften Geist
> haben wie Christus ... denselben Geist der Vergebung
> von Verletzungen, denselben Geist der Nächstenliebe,

der glühenden Liebe und des ausgiebigen Wohlwollens. Sie sollten ebenso wie er geneigt sein, Mitleid mit den Elenden zu haben, mit den Trauernden zu weinen, den an Seele und Leib Kranken zu helfen, die Bitten der Bedürftigen zu hören und zu erfüllen und die Not der Bedrängten zu lindern; denselben Geist der Herablassung zu den Armen und Geringen, der Milde und Sanftmut gegenüber den Schwachen und der großen und praktischen Feindesliebe.[42]

Die Gesinnung, die wir so gern in anderen sehen möchten, müssen wir zuerst selber haben. Das wird jedoch erst dann sein, wenn wir – wie Edwards sagt – unsere eigene Leere, Hilflosigkeit und schreckliche Sündhaftigkeit erkannt haben. Edwards lebte ständig im Spannungsfeld zwischen Beschämung über seine Sünde und Jubel über seinen Retter. Seine Erfahrung beschreibt er:

> Seit ich in dieser Stadt lebe, hatte ich oft sehr überwältigende Einblicke in meine eigene Sündhaftigkeit und Niederträchtigkeit, sehr oft bis zu einem solchen Maße, dass ich laut weinen musste, und das manchmal eine beträchtliche Zeit lang, so dass ich oft gezwungen war, mich einzuschließen.[43]

Es ist nicht allzu schwer vorzustellen, welche Ernsthaftigkeit solche Erfahrungen in die Verkündigung von Gottes Wort einbrachten.

Doch natürlich steht man am Abgrund der Verzweiflung, wenn man nur auf die Sünde blickt. Das war weder Edwards' Absicht noch seine Erfahrung. Für ihn gab es eine Antwort auf Schuldgefühle, die sie zu einer intensiven evangelischen und befreienden Erfahrung machte:

Ich liebe es daran zu denken, zu Christus zu kommen,
das Heil von ihm zu empfangen, arm im Geiste und völlig entleert von meinem Ich, demütig allein ihn erhebend,
völlig von meinen eigenen Wurzeln abgeschnitten, um in
Christus hinein und aus ihm heraus zu wachsen, damit
Gott in Christus für mich alles in allem ist.[44]

Das ist die wahre Zentralität Gottes im Leben des Predigers,
die geradewegs zur Zentralität Gottes in der Predigt führt.

Wenn wir von Edwards' Intensität sprechen, ist klar, dass
sie nichts Strenges, Lautes oder Aggressives war. Edwards'
Vollmacht lag nicht in rhetorischen Schnörkeln oder in oh-
renbetäubendem Donner. Sie wurde aus den Emotionen eines zerbrochenen Herzens geboren.

Thomas Prince beschrieb Edwards als einen »Prediger mit
flacher und bescheidener Stimme«, der »seine Botschaft auf
natürliche Art vermittelte, ohne seinen Körper einzusetzen
oder sonst etwas zu tun, um Aufmerksamkeit zu erregen,
ausgenommen seine ihm gewohnte große Ernsthaftigkeit:
Er blickte und sprach, als stünde er in der Gegenwart Gottes.«[45] Edwards ist ein seltenes Zeugnis für die Wahrheit,
dass gutes Predigen – ein Predigen, das Gottes überragende
Herrlichkeit vermittelt – einem Geist der Zerbrochenheit
und Sanftmut entspringt.

10. *Intensiv predigen*

Eine fesselnde Predigt vermittelt den Eindruck, dass es
um etwas sehr Großes und Wichtiges geht. Mit Edwards'
Sicht von der Realität von Himmel und Hölle und von der
Notwendigkeit, in heiligen Emotionen und Gottesfurcht zu
beharren, würde es jeden Sonntag um die Ewigkeit gehen.

Das unterscheidet ihn von dem heutigen Durchschnittsprediger. Unsere emotionale Ablehnung der Hölle, unsere oberflächliche Sicht von Bekehrung und die grassierende falsche Heilssicherheit, die wir verbreiten, haben eine Atmosphäre geschaffen, in der die großartige biblische Intensität der Predigt fast unmöglich ist.

Edwards glaubte so sehr an die Realitäten, von denen er sprach, und verlangte so sehr danach, dass sie seine Zuhörer aufwühlten, dass er, als George Whitefield dieselben Realitäten vollmächtig auf Edwards' Kanzel predigte, während des gesamten Gottesdienstes weinte. Für Edwards war es ebenso unvorstellbar, über die großen Dinge Gottes kalt, lässig, gleichgültig oder flapsig zu sprechen, wie dass ein Vater kalt erzählt, dass sein brennendes Haus über seinen Kindern eingestürzt sei.[46]

Zu wenig Intensität in der Predigt wird lediglich den Eindruck vermitteln, dass der Prediger die Realität, von der er spricht, entweder gar nicht glaubt oder niemals ernsthaft von ihr ergriffen wurde – oder dass es sich dabei um ein unwichtiges Thema handle. Das war bei Edwards jedoch nie der Fall. Er war ständig von Ehrfurcht vor der großartigen Wahrheit ergriffen, die zu verkündigen er beauftragt war.

Ein Zeitgenosse sagte einmal über Edwards' Redegewandtheit:

> Sie ist die Macht, den Zuhörern eine wichtige Wahrheit zu präsentieren, und das mit überwältigend schweren Argumenten und mit so intensiven Gefühlen, dass der Redner mit seiner ganzen Seele in jedem Teil des Inhalts und der Präsentation aufgeht, so dass vom Anfang bis zum Ende die ehrfurchtsvolle Aufmerksamkeit der gesamten Zuhörerschaft gefesselt wird und unauslöschliche Eindrücke hinterlassen werden.[47]

Horatius Bonar beschrieb 1845 in seiner Einleitung zu John Gillies Buch *Historical Collections of Accounts of Revival* (»Historische Sammlungen von Erweckungsberichten«) die Art von Predigern, die Gott gebraucht hat, um seine Gemeinde im Laufe der Jahrhunderte zu erwecken:

> Sie spürten ihre unendlich große Verantwortung als Verwalter der Geheimnisse Gottes und als Hirten, die vom Erzhirten eingesetzt worden sind, um Seelen zu sammeln und über sie zu wachen. Sie lebten, arbeiteten und predigten wie Männer, an deren Lippen die Unsterblichkeit Tausender hing. Alles, was sie taten und sagten, trug den Stempel der Ernsthaftigkeit, und sie verkündigten allen, mit denen sie in Kontakt kamen, dass die Themen, über die zu reden sie gesandt waren, eine unendliche Tragweite hatten ... Ihre Predigten scheinen von der mannhaftesten und furchtlosesten Art gewesen zu sein, denn sie hatten eine enorme Machtwirkung auf die Zuhörer. Ihr Predigen war nicht aggressiv, nicht grimmig, nicht lautstark; für all das war es viel zu ehrfurchtsvoll; ihr Predigen war gewaltig, schneidend, durchdringend, schärfer als ein zweischneidiges Schwert.[48]

So war es auch bei Jonathan Edwards vor über 250 Jahren. Durch seine Prinzipien und sein Vorbild ruft Edwards uns auf zu einer »außerordentlich liebevollen Art des Predigens über die großen Dinge des Glaubens« und dazu, ein »mittelmäßiges, eintöniges, gleichgültiges Gerede«[49] zu meiden. Wir müssen einfach ohne Dramatik und Künstelei verdeutlichen, dass die Realität hinter unserer Botschaft atemberaubend ist.

Natürlich setzt dies voraus, das wir Gott so gesehen haben, wie Jonathan Edwards ihn sah. Wenn wir nicht seine großartige Sicht von Gott teilen, werden wir nicht an die Großartigkeit seines Predigens heranreichen. Andererseits: Sollte Gott es in seiner Gnade es für angebracht halten, unsere Augen für Edwards' Sicht zu öffnen und sollte er uns gewähren, die liebliche Souveränität des Allmächtigen so zu schmecken, wie Edwards sie schmeckte, dann wäre eine Erneuerung des Predigtdienstes in unseren Tagen möglich – ja, sogar unausweichlich.

Schluss

Viele Menschen verhungern geistlich, weil sie die Größe Gottes nicht sehen. Und die große Mehrheit kennt die Größe Gottes nicht. Das sind jene, die sagen: »Gott, mein Gott bist du; nach dir suche ich. Es dürstet nach dir meine Seele, nach dir schmachtet mein Fleisch in einem dürren und erschöpften Land ohne Wasser« (Psalm 63,2). Aber die meisten erkennen nicht, dass sie geschaffen wurden, um vom überwältigenden Anblick von Gottes Macht und Herrlichkeit fasziniert zu sein. Sie versuchen, ihre innere Leere auf andere Weise zu füllen. Und sogar bei jenen, die regelmäßig in die Gemeinde gehen, ist fraglich, wie viele von ihnen nach dem Gottesdienst oder der Bibelstunde wirklich sagen können: »Ich schaue im Heiligtum nach dir, um deine Macht und deine Herrlichkeit zu sehen« (Psalm 63,3).

Die Herrlichkeit Gottes ist von unendlichem Wert. Sie ist das Herzstück dessen, was die Apostel predigten: der »Lichtglanz der Erkenntnis der Herrlichkeit Gottes im Angesicht Jesu Christi« (2. Korinther 4,6). Sie ist das Ziel alles dessen, was Christen tun: »Ob ihr nun esst oder trinkt oder sonst etwas tut, tut alles zur Ehre Gottes« (1. Korinther 10,31). Sie ist der Blickpunkt jeder christlichen Hoffnung: »Wir ... rühmen uns aufgrund der Hoffnung der Herrlichkeit Gottes« (Römer 5,2). Sie wird eines Tages die Sonne und den Mond als Licht des Lebens ersetzen: »Und die Stadt bedarf nicht der Sonne noch des Mondes, damit sie ihr scheinen;

denn die Herrlichkeit Gottes hat sie erleuchtet« (Offenbarung 21,23). Und sogar heute, noch vor diesem großen Tag, »erzählen die Himmel die Herrlichkeit Gottes« (Psalm 19,2). Wenn Menschen den Wert von Gottes Herrlichkeit entdecken – wenn Gott sagt: »Es werde Licht!« und die Augen der Blinden öffnet –, sind sie wie Menschen, die einen im Acker verborgenen Schatz finden (Matthäus 13,44). Sie sind wie Mose, der zum Herrn schrie: »Lass mich doch deine Herrlichkeit sehen!« (2. Mose 33,18).

Genau das ist es, was jedem Menschen Herzschmerz bereitet. Doch nur wenige wissen das. Nur wenige diagnostizieren das Grundverlangen, das jedem menschlichen Sehnen zugrunde liegt – das Verlangen danach, Gott zu sehen. Wenn die Menschen den stummen Schrei ihrer Herzen doch nur artikulieren könnten! Dann würden sie sagen: »Eins habe ich vom HERRN erbeten, danach trachte ich: … anzuschauen die Freundlichkeit des HERRN …« (Psalm 27,4). Doch stattdessen wird »die Wahrheit durch Ungerechtigkeit niedergehalten«, und Menschen befinden es für »nicht gut, Gott in ihrer Erkenntnis festzuhalten« (Römer 1,18.28). Ja, sogar viele, die sich auf den Gott Israels berufen, haben ihre »Herrlichkeit vertauscht gegen das, was nichts nützt« (Jeremia 2,11).

Christliche Prediger sollten besser als alle anderen wissen, dass Menschen nach Gott hungern. Wenn jemals irgendjemand auf dieser Welt sagen können sollte: »Ich schaue im Heiligtum nach dir, um deine Macht und deine Herrlichkeit zu sehen«, dann der Verkündiger Gottes. Und wenn wir uns die öde Wüste unserer weltlichen Kultur anschauen, müssen wir Prediger uns fragen: Wer sonst außer uns wird diesem Volk verkünden: »Siehe da, euer Gott«? Wer wird den Leuten sagen, dass Gott groß ist und ihm aller Lobpreis gebührt? Wer wird ihnen die Landschaft der

Herrlichkeit Gottes vor Augen malen? Wer wird sie mit dem wunderbaren Zeugnis der Bibel daran erinnern, dass Gott über jeden Feind triumphiert hat? Wer wird bei jeglicher Krise ausrufen: »Euer Gott regiert als König« (Jesaja 52,7)? Wer wird sich die Mühe machen und Worte finden, mit denen das »Evangelium der Herrlichkeit des seligen Gottes« vermittelt werden kann?

Wenn in unserer Predigt Gott nicht eine überragende Herrlichkeit hat, wo in aller Welt werden die Menschen dann von der alles überragenden Herrlichkeit Gottes erfahren? Wenn wir am Sonntagmorgen nicht ein Festmahl der Schönheit Gottes zubereiten, werden unsere Leute dann nicht vergeblich versuchen, ihre unstillbare Sehnsucht mit den Zuckerwatte-Späßen des Zeitvertreibs und der neusten religiösen Modeerscheinungen zu stillen? Wenn die Quelle des lebendigen Wassers nicht am Sonntagmorgen aus dem Fels der souveränen Gnade Gottes hervorströmt, werden die Menschen sich dann nicht selbst rissige Zisternen aushauen, die das Wasser nicht halten (Jeremia 2,13)?

Wir sind berufen als »Verwalter der Geheimnisse Gottes« (1. Korinther 4,1). Und das große Geheimnis lautet: »Christus in euch, die Hoffnung der Herrlichkeit« (Kolosser 1,27). Und diese Herrlichkeit ist die Herrlichkeit Gottes. Und »man sucht an den Verwaltern, dass sie treu befunden werden« – treu darin, die erhabene Herrlichkeit des ewigen Gottes groß zu machen, nicht wie ein Mikroskop kleine Dinge vergrößert, damit sie größer aussehen; sondern wie ein Teleskop, dass unvorstellbar große Galaxien für das menschliche Auge sichtbar macht.

Wenn wir unsere Gemeinde lieben, wenn wir die »anderen Schafe« lieben, die noch nicht der Herde zugeführt wurden, wenn wir es lieben, dass Gottes weltweiter Plan erfüllt wird, werden wir uns die Mühe machen, »in der Wüste einen Tisch zu bereiten« (Psalm 78,19). Überall hungern Menschen nach der Freude an Gott. Jonathan Edwards sagte:

Die Freude an Gott ist das einzige Glück, durch das das Verlangen unserer Seelen gestillt werden kann. In den Himmel zu kommen, um Gott völlig zu genießen, ist unendlich besser als die besten Annehmlichkeiten hier. Väter und Mütter, Ehemänner, Ehefrauen oder Kinder oder die Gemeinschaft mit irdischen Freunden sind nichts als Schatten; doch Gott ist die Substanz. Jene sind nur vereinzelte Lichtstrahlen, doch Gott ist die Sonne. Jene sind nur Ströme. Doch Gott ist der Ozean.[1]

Anmerkungen

Vorwort

1. Andrew Bonar, Hrsg., *Memoir and Remains of Robert Murray Mc-Cheyne* (Nachdruck, Grand Rapids: Baker Book House, 1978), S. 258.
2. Mark Noll, »Jonathan Edwards, Moral Philosophy, and the Secularization of American Christian Thought«, *Reformed Journal* (Februar 1983), S. 26. Hervorhebung durch den Autor.
3. Charles Colson, »Introduction«, in Jonathan Edwards, *Religious Affections,* (Portland: Multnomah, 1984), S. xxiii, xxxiv.
4. Jonathan Edwards, *The Miscellanies,* in: *The Works of Jonathan Edwards* Bd. 13, hrsg. von Thomas Schafer (New Haven, Yale University Press, 1994), S. 495; Hervorhebungen hinzugefügt.
5. Iain Murray, *The Forgotten Spurgeon* (Edinburgh: Banner of Truth, 1966), S. 36. (Auf Deutsch erschienen unter dem Titel: *Spurgeon wie ihn keiner kennt,* RVB Hamburg).

Kapitel 1: Das Ziel der Predigt

1. Charles H. Spurgeon, *Lectures to My Students* (Grand Rapids: Zondervan, 1972), S. 26. (Deutscher Titel: *Ratschläge für Prediger*).
2. James Stewart, *Heralds of God* (Grand Rapids: Baker Book House, 1972), S. 73. Dieses Zitat stammt von William Temple, der mit diesen Worten Anbetung definieren wollte, doch Stewart verwendet es so, als gebe es »genau die Ziele der Predigt« wieder.
3. John H. Jowett, *The Preacher: His Life and Work* (New York: Harper, 1912), S. 96, 98.

119

4. Spurgeon, *Lectures*, S. 146.

5. Samuel Johnson, *Lives of the English Poets* (London: Oxford University Press), Bd. 2, S. 365.

6. Jowett, *The Preacher*, S. 96, 98.

7. Cotton Mather, *Student and Preacher, or Directions for a Candidate of the Ministry* (London: Hindmarsh, 1726), S. v.

8. Für eine ausführliche exegetische Verteidigung dieser These siehe Anhang 1 von John Piper, *Desiring God* (Portland: Multnomah, 1986). (Auf Deutsch erschienen unter dem Titel *Sehnsucht nach Gott*, 3L Verlag, Friedberg).

9. Dies ist die These des Buches *Desiring God* (dt. Titel: *Sehnsucht nach Gott*), in dem ihre Auswirkungen auf andere Lebensbereiche dargelegt werden.

Kapitel 2: Der Grund der Predigt

1. Für eine Verteidigung und ausführliche Darlegung dieser Definition siehe John Piper, *The Justification of God* (Grand Rapids: Baker Book House, 1983).

Kapitel 3: Die Gabe der Predigt

1. Phillips Brooks, *Lectures on Preaching* (Grand Rapids: Baker Book House, 1969), S. 106.

2. Natürlich sind die meisten Menschen weltweit Analphabeten. Die wichtigste missionarische Predigt wird nicht dieselbe Form haben, wie sie auf den meisten Kanzeln der westlichen Welt nötig ist, wo Menschen mit ihren Bibeln in der Hand in der Gemeinde sitzen. Trotzdem plädiere ich dafür, dass selbst die Predigt vor Analphabeten viele Bibelstellen beinhalten sollte, die aus dem Gedächtnis zitiert werden und deutlich machen, dass die Autorität des Predigers von einem inspirierten Buch herrührt. Auslegungspredigten für Analphabeten sind eine Herausforderung, der viel Aufmerksamkeit gewidmet werden sollte.

3. Zitiert in John R. W. Stott, *Between Two Worlds* (Grand Rapids: Eerdmans, 1984), S. 32

4. Sereno Dwight, *Memoirs of Jonathan Edwards*, in *The Works of*

Jonathan Edwards, (Edinburgh: Banner of Truth, 1974), Bd. 1, S. xxi.

5. Zitiert in Murray, *The Forgotten Spurgeon*, S. 34.

Kapitel 4: Der Ernst und die Freude der Predigt

1. Dwight, *Memoirs*, S. xx.
2. Jonathan Edwards, »The True Excellency of a Gospel Minister«, in *The Works of Jonathan Edwards*, (Edinburgh: Banner of Truth, 1974), Bd. 2, S. 958.
3. Jonathan Edwards, *The Great Awakening*, in *The Works of Jonathan Edwards*, Hrsg. C. Goen (New Haven: Yale University Press, 1972), Bd. 4, S. 272.
4. Dwight, *Memoirs*, S. clxxxix.
5. Ebd., Bd.1, S. cxc.
6. Stewart, *Herolds of God*, S. 102.
7. Andrew W. Blackwood, Hrsg., *The Protestant Pulpit* (Grand Rapids: Baker Book House, 1977), S. 311.
8. James W. Alexander, *Thoughts on Preaching* (Edinburgh: Banner of Truth, 1975), S. 264.
9. Brooks, *Lectures*, S. 82-83.
10. Jonathan Edwards, *A Treatise Concerning the Religious Affections*, in *The Works of Jonathan Edwards*, Hrsg. C. Goen (New Haven: Yale University Press, 1972), Bd. 2, S. 339.
11. Zitiert in Stott, *Between Two Worlds*, S. 325.
12. John H. Jowett, *The Preacher: His Life and Work* (New York: Harper, 1912), S. 89.
13. Bennet Tyler und Andrew Bonar, *The Life and Labors of Asahel Nettleton* (Edinburgh: Banner of Truth, 1975), S. 65, 67, 80.
14. William Sprague, *Lectures on Revivals of Religion* (London: Banner of Truth, 1959), S. 119-20. Der Rest dieses Abschnitts ist, wenn auch hier nicht zitiert, ebenso lesenswert.
15. Zitiert in Murray, *Forgotten Spurgeon*, S. 38.
16. Spurgeon, *Lectures*, S. 212.
17. Zitiert in Stewart, *Herolds of God*, S. 207.
18. Zitiert in Charles Bridges, *The Christian Ministry* (Edinburgh: Banner of Truth, 1967), S. 214.

19. B.B. Warfield, »The Religious Life of Theological Students«, in Mark Noll, Hrsg., *The Princeton Theology* (Grand Rapids: Baker Book House, 1983), S. 263.
20. Zitiert in Bridges, *The Christian Ministry*, S. 214.
21. Dwight, *Memoirs*, S. xx, xxii.

Kapitel 5: Gott im Zentrum

1. An Biografien über Edwards Interessieren empfehle ich: Iain Murray, *Jonathan Edwards: A New Biography* (Edinburgh: Banner of Truth, 1987), und George M. Marsden, *Jonathan Edwards: A Life* (New Haven, Connecticut: Yale University Press, 2003).
2. Dwight, *Memoirs*, S. xxxix.
3. Ebd., Bd. 1, S. xxxviii.
4. Ebd., Bd. l, S. xx.
5. Ebd., Bd. 1, S.xxxvi.
6. Ebd.
7. Elisabeth Dodds, *Marriage to a Difficult Man: The »Uncommon Union« of Jonathan and Sarah Edwards* (Philadelphia: Westminster, 1971), S. 22.
8. Jonathan Edwards: *Selections*, Hrsg. C. H. Faust und T. Johnson (New York: Hill and Wang, 1935), S. 69.
9. Dwight, *Memoirs*, in Banner, Bd. 1, S. clxxiv.
10. Ebd., S. clxxiv-clxxv
11. Ebd., S. clxxvii.
12. Ebd., S. clxxix.

Kapitel 6: Unterwerfung unter Gottes liebliche Souveränität

1. Jonathan Edwards, »The Sole Consideration, that God is God, Sufficient to Still All Objections to His Sovereignty«, in *The Works of Jonathan Edwards*, (Edinburgh: Banner of Truth, 1974), Bd. 2, S. 107.
2. Ebd., S. 107-8.
3. Edwards, *Religious Affections*, S. 279.
4. Edwards, *Selections*, S. 69.
5. Der vollständige Text von *The End for Which God Created the*

World mit erklärenden Fußnoten ist abgedruckt in: John Piper, *God's Passion for His Glory: Living the Vision of Jonathan Edwards* (Wheaton: Crossway, 1998).

6. Edwards, *Religious Affections*, in *Works* (Banner), Bd. 1, S. 237.

7. Ebd., S. 243.

8. Jonathan Edwards, *Miscellaneous Remarks Concerning Satisfaction for Sin*, in *The Works of Jonathan Edwards*, (Edinburgh: Banner of Truth, 1974), Bd. 2, S. 569

9. Jonathan Edwards, *Miscellaneous Remarks Concerning Faith*, in *The Works of Jonathan Edwards*, (Edinburgh: Banner of Truth, 1974), Bd. 2, S. 588.

10. Ebd., S. 578-95. Diese Beobachtungen und viele ähnliche Gedankengänge sind in vielen Äußerungen von Edwards in diesem Abschnitt zu finden.

11. Jonathan Edwards, *Miscellaneous Remarks Concerning Efficacious Grace*, in *The Works of Jonathan Edwards*, (Edinburgh: Banner of Truth, 1974), Bd. 2, S. 548.

12. Jonathan Edwards, *Miscellaneous Remarks Concerning Perseverance of the Saints*, in *The Works of Jonathan Edwards*, (Edinburgh: Banner of Truth, 1974), Bd. 2, S. 596.

Kapitel 7: Gottes überragende Herrlichkeit vermitteln

1. Edwards, *Religious Affections*, S. 238.

2. Ebd., S. 244. Hervorhebung durch den Autor

3. Edwards, *Selections*, S. xx.

4. Jonathan Edwards, *Some Thoughts Concerning the Revival*, in *The Works of Jonathan Edwards*, Hrsg. C. Goen (New Haven: Yale University Press, 1972), Bd. 4, S. 387; s.a. S. 399.

5. Edwards, *Religious Affections*, S. 314.

6. Ebd., S. 243.

7. Edwards, *Concerning the Revival*, S. 388.

8. Edwards, »True Excellency«, S. 958.

9. Edwards, *Religious Affections*, S. 258.

10. Ebd., S. 289.

11. Edwards, *Concerning the Revival*, S. 386.

12. Edwards, »True Excellency«, S. 959.

13. Jonathan Edwards, »Personal Narrative«, in *Selections*, S. 65.
14. Dwight, *Memoirs*, S. xxi.
15. Ebd., S. clxxiv.
16. Edwards, »True Excellency«, S. 957.
17. Dwight, *Memoirs*, S. clxxxviii.
18. Jonathan Edwards, »Sinners in the Hands of an Angry God«, in *The Works of Jonathan Edwards*, (Edinburgh: Banner of Truth, 1974), Bd. 2, S. 10. Deutsche Übersetzung zitiert von http://www.glaubensstimme.de/neuzeit/edwards/edw001.html
19. Zitiert in John Gerstner, *Jonathan Edwards on Heaven and Hell* (Grand Rapids: Baker Book House, 1980), S. 44. In diesem Buch findet sich eine hervorragende Einführung in Edwards' ausgewogene Erkenntnisse über die Herrlichkeiten des Himmels und die Schrecknisse der Hölle.
20. Edwards, *Religious Affections*, S. 259.
21. Edwards, *Perseverance,* in *The Works of Jonathan Edwards*, (Edinburgh: Banner of Truth, 1974), Bd. 2, S. 596.
22. Edwards, *Religious Affections,* S. 308.
23. Jonathan Edwards, *The Distinguishing Marks of a Work of the Spirit of God*, in *The Works of Jonathan Edwards*, Hrsg. C. Goen (New Haven: Yale University Press, 1972), Bd. 4, S. 248.
24. Edwards, *Concerning the Revival*, in *The Works of Jonathan Edwards*, Hrsg. C. Goen (New Haven: Yale University Press, 1972), Bd. 4, S. 391.
25. Jonathan Edwards, *Freedom of the Will*, in *The Works of Jonathan Edwards*, (Edinburgh: Banner of Truth, 1974), Bd. 1, S. 87.
26. Edwards, *Efficacious Grace*, S. 557.
27. Jonathan Edwards, »Pressing into the Kingdom«, in *The Works of Jonathan Edwards*, (Edinburgh: Banner of Truth, 1974), Bd. 1, S. 659.
28. Dwight, *Memoirs*, S. clxxxix.
29. Ebd., Bd. 1, S. xxx.
30. Ebd.
31. Ebd., Bd. l, S. clxxxix.
32. Edwards, *Religious Affections,* S. 246.
33. Edwards, »True Excellency«, S. 957.
34. Edwards, *Concerning the Revival*, in *The Works of Jonathan Ed-*

wards, Hrsg. C. Goen (New Haven: Yale University Press, 1972), Bd. 4, S. 390-91.

35. Jonathan Edwards, »The Most High, A Prayer-Hearing God«, in *The Works of Jonathan Edwards*, (Edinburgh: Banner of Truth, 1974), Bd. 2, S. 116.

36. Edwards, *Concerning the Revival*, S. 438.

37. Edwards, »True Excellency«, S. 960.

38. Edwards, »Personal Narrative«, in *Selections*, S. 61.

39. Edwards, *A Humble Attempt*, in *The Works of Jonathan Edwards*, (Edinburgh: Banner of Truth, 1974), Bd. 2, S. 278-312.

40. Edwards, *Religious Affections*, in *The Works of Jonathan Edwards*, (Edinburgh: Banner of Truth, 1974), Bd. 1, S. 302.

41. Ebd., Bd. 1, S. 308.

42. Jonathan Edwards, »Christ the Example of Ministers«, in *The Works of Jonathan Edwards*, (Edinburgh: Banner of Truth, 1974), Bd. 2, S. 961.

43. Edwards, »Personal Narrative«, S. 69.

44. Ebd., S. 67.

45. Zitiert in *The Great Awakening*, in *The Works of Jonathan Edwards*, Hrsg. C. Goen (New Haven: Yale University Press, 1972), Bd. 4, S. 72.

46. Siehe die Illustration, die in diesem Buch auf S. 50-51 zitiert ist.

47. Dwight, *Memoirs*, S. cxc.

48. Horatius Bonar, »Preface«, in John Gillies, *Historical Collections of Accounts of Revival*, (1845, Nachdruck, Edinburgh: Banner of Truth, 1981), S. vi.

49. Edwards, *Concerning the Revival*, in *The Works of Jonathan Edwards*, Hrsg. C. Goen (New Haven: Yale University Press, 1972), Bd. 4, S. 386.

Schluss

1. Jonathan Edwards, »The Christian Pilgrim«, in *The Works of Jonathan Edwards*, (Edinburgh: Banner of Truth, 1974), Bd. 2, S. 244.

EUROPÄISCHES BIBEL TRAININGS CENTRUM
EBTC

Dieses Buch wurde mit Unterstützung des *Europäischen Bibel Trainings Centrums* (EBTC) Berlin produziert.

Das EBTC finden Sie in Berlin und Zürich. Das Hauptgewicht unserer Ausbildung liegt auf einer exakten, sorgfältigen Auslegung der Schrift, der kraftvollen Predigt und der treuen Anwendung des Wortes Gottes, und zwar Vers für Vers.

Wir glauben, dass eine gründliche Auslegung der Schrift und deren Anwendung das Fundament jeglichen Dienstes ist, ja sein muss!

Eine Kombination von Präsenz- und Fernstudium ermöglicht es den Teilnehmern eine grundlegende Ausbildung zu erhalten, ohne dabei ihre Arbeit oder den Gemeindedienst vernachlässigen zu müssen. Der Unterricht findet jeweils an einem Wochenende pro Monat statt (Freitag bis Sonntag) und erstreckt sich über jeweils 9 Monate pro Jahr.

Für weitere Informationen besuchen Sie bitte unsere Internetseite www.ebtc-berlin.de oder fordern Sie unter der Tel. Nr. (030) 443 51 91-0 Informationsmaterial an.

Buchempfehlung

John MacArthur
Fremdes Feuer
Wie gefährliche Irrtümer über den Heiligen Geist den Glauben zerstören

Betanien Verlag 2014
Paperback, 364 Seiten
ISBN 978-3-935558-39-6
nur 9,90 Euro

Dieses hoch brisante Buch schildert die Geschichte und Skandale der charismatischen Bewegung und ihren dennoch ungebremsten Einfluss auf die Evangelikalen. Gründlich analysiert werden angebliche Wundergaben wie »Zungensprache« und Heilungen sowie die Frage, ob es heute noch Prophetie gibt und ob ein solches Reden Gottes fehlbar sein kann. Der dritte Teil zeigt, wie man wirklich die Segnungen des Heiligen Geistes erfährt. Im Anhang ein »offener Brief« MacArthurs in brüderlichem, aber deutlich mahnenden Tonfall an Autoren und Verantwortungsträger, die teils (gemäßigte) charismatische Positionen vertreten wie John Piper, Donald Carson, Wayne Grudem und Mark Driscoll.

Weitere Bücher vom Betanien Verlag

Ray Ortlund
9 Merkmale gesunder Gemeinden: Das Evangelium
Wie die Gemeinde die Schönheit Christi darstellt
Paperback · 124 Seiten · ISBN 978-3-945716-33-5 · 7,90 Euro

Dieser Band der Reihe „9 Merkmale" verdeutlicht, wie das Evangelium eine Gemeinde prägt: Sie soll es nicht nur klar lehren, sondern auch überzeugend ausleben, damit die Herrlichkeit Christi bekannt wird.

Bobby Jamieson
9 Merkmale gesunder Gemeinden: Gesunde Lehre
Wie eine Gemeinde in der Liebe und Heiligkeit Gottes wächst
Paperback · 111 Seiten · ISBN 978-3-945716-40-3 · 7,90 Euro

Dieser Band der Reihe „9 Merkmale" überzeugt uns von der enormen Wichtigkeit gesunder Lehre in der Gemeinde und verdeutlicht: Richtig über Gott zu denken, bestimmt unsere gesamte Lebenspraxis.

David Helm
9 Merkmale gesunder Gemeinden: Auslegungspredigten
Wie wir heute Gottes Wort verkündigen
Paperback · 120 Seiten · ISBN 978-3-945716-31-1 · 7,90 Euro

Dem Zuhörer von heute muss das kraftvolle Wort Gottes relevant dargeboten werden, aber ohne pragmatische und oberflächliche Abkürzung. Der Weg führt über gesunde Auslegung und klaren Bezug zum Evangelium von Jesus Christus. Dieser Weg wird hier gezeigt.

Jeramie Rinne
9 Merkmale gesunder Gemeinden: Leitung durch Älteste
Wie man Gottes Volk wie Jesus als Hirten leitet
Paperback · 118 Seiten · ISBN 978-3-945716-39-7 · 7,90 Euro

Älteste sollen Hirten der Gemeinde sein – mit Jesus Christus als Vorbild. Herausfordernd. Ermutigend. Biblisch. Aufschlussreich. Segensreich für jede Gemeinde, deren Ältesten dieses Buch beherzigen.

Jonathan Leeman
9 Merkmale gesunder Gemeinden: Gemeindemitgliedschaft
Wie die Welt sehen kann, wer zu Jesus gehört
Paperback · 118 Seiten · ISBN 978-3-945716-36-6 · 7,90 Euro

Es ist faszinierend, wie der Autor aus der Bibel herausarbeitet, dass verbindliche Gemeindemitgliedschaft unbedingt Gottes Wille und unverzichtbar für die Nachfolge Jesu und Zugehörigkeit zu seinem Reich ist. Herausfordernd und durchdrungen vom Evangelium der Gnade.